Collection **L'Imaginaire**

Isaac Babel

MES PREMIERS HONORAIRES

Traduit du russe
par Adèle Bloch

Gallimard

Titre original :

МОЙ ПЕРВЫЙ ГОНОРАР

Né à Odessa en 1894 dans une famille juive, Isaac Babel se rallie à la révolution en 1916 à Petrograd. Il rencontre Gorki qui l'encourage dans ses débuts littéraires. En 1920, il entre dans l'Armée rouge. Critiqué violemment parce qu'il ne célèbre pas assez « la vie nouvelle », il se retire de la vie littéraire en 1930 et, victime d'une injuste dénonciation, il est arrêté en 1939 et fusillé en 1940. Un interdit absolu a pesé sur l'homme et son œuvre jusqu'en 1954, date à laquelle il est réhabilité par le Collège militaire de la Cour suprême. En 1957 paraissent en U.R.S.S. ses œuvres préfacées par Ilya Ehrenbourg.

RÉCITS

MES PREMIERS HONORAIRES

Vivre à Tiflis au printemps, avoir vingt ans et ne pas être aimé, c'est un grand malheur. Pareil malheur m'est arrivé. J'étais correcteur à l'imprimerie de la Région militaire du Caucase. La Koura bouillonnait sous les fenêtres de ma mansarde. Le soleil, en se levant derrière les montagnes, embrasait le matin ses méandres troubles. Je louais cette mansarde à des jeunes mariés géorgiens. Mon propriétaire vendait de la viande au marché oriental. Dans la pièce voisine, le boucher et sa femme, enragés d'amour, se tournaient et se retournaient comme de gros poissons enfermés dans un bocal. Les queues de ces poissons éperdus venaient cogner contre la cloison. Elles ébranlaient notre grenier noirci sous le soleil vertical, l'arrachaient de ses piliers et l'emportaient dans l'infini. Leurs dents soudées par la fureur obstinée de la passion n'arrivaient plus à se desserrer. Le matin, la jeune mariée, Miliette, descendait chercher le pain. Elle était si faible qu'elle se tenait à la rampe pour ne pas tomber. Son pied fin tâtonnant pour trouver les marches, Miliette souriait d'un sourire vague et aveugle comme une convalescente. Les mains pressées contre sa poitrine menue, elle saluait tous ceux qu'elle rencontrait sur son chemin, le Syrien verdi par les ans, le marchand de pétrole ambulant et les mégères qui vendaient des écheveaux de laine, des mégères labourées de rides ardentes. La nuit, le remue-ménage et le babil de mes voisins faisaient place à un silence perçant comme le sifflement d'un boulet.

Avoir vingt ans, vivre à Tiflis et entendre la nuit les tempêtes du silence des autres, c'est un grand malheur. Pour y échapper, je me sauvais de chez moi à toutes jambes, je descendais vers la Koura et là, j'étais assailli par les vapeurs d'étuve du printemps de Tiflis. Elles me frappaient de plein fouet et me laissaient sans force. La gorge sèche, je déambulais sur les chaussées bombées. Les brumes étouffantes du printemps me chassaient de nouveau dans mon grenier, forêt de souches noircies éclairées par la lune. Il ne me restait rien d'autre à faire que de chercher l'amour. Naturellement je le trouvai. Pour mon malheur ou mon bonheur, la femme que j'avais choisie était une prostituée. Elle s'appelait Véra. Tous les soirs, je me glissais derrière elle dans l'avenue Golovinski, sans me résoudre à lui adresser la parole. Je n'avais pas d'argent à lui donner, et des mots, ces infatigables mots d'amour, creux et banals, je n'en avais pas non plus. Dès mon jeune âge, j'avais consacré toutes les forces de mon être à composer des nouvelles, des pièces, des milliers d'histoires. Elles reposaient sur mon cœur comme des crapauds sur une pierre. Possédé par un orgueil diabolique, je ne voulais pas les écrire prématurément. Écrire moins bien que Léon Tolstoï me semblait une perte de temps. Mes histoires étaient destinées à survivre à l'oubli. Une pensée intrépide, une passion dévorante ne valent la peine qu'elles nous ont coûtée que si elles sont revêtues de beaux habits. Comment les confectionner, ces habits ?

L'homme qu'une pensée a pris au lasso, qui file doux sous son regard de serpent, trouve difficile d'user sa salive à prononcer des mots d'amour insignifiants et creux. Il a honte de pleurer de chagrin. Il n'est pas assez intelligent pour rire de bonheur. Le rêveur que j'étais ne possédait pas l'art absurde d'être heureux. C'est pourquoi je dus donner à Véra dix roubles de mon maigre salaire.

Ma décision prise, je me postai un soir à la porte de la taverne *Sympathie*. Des princes en vestes circassiennes bleues et bottes souples paradaient nonchalamment devant moi. Tout en fourrageant dans leur bouche avec des cure-dents d'argent, ils dévisageaient les femmes fardées de carmin, des Géorgiennes aux grands pieds et aux hanches étroites. Le crépuscule se teintait de turquoise. Le long des rues, les acacias épanouis hurlaient, mélancoliques, d'une voix de basse qui s'égrenait. Une foule de fonctionnaires en tunique blanche ondulait dans l'avenue ; des souffles balsamiques venus du Kazbek volaient à sa rencontre.

Véra arriva plus tard, quand la nuit fut tombée. Grande, le teint blanc, elle voguait en avant de la foule simiesque comme une vierge sur la proue d'une chaloupe de pêcheurs. Elle arriva à la hauteur de l'entrée de la taverne *Sympathie*. Je chancelai et me mis à marcher.

— Où allez-vous comme ça ?

Son large dos rose avançait devant moi. Véra se retourna.

— Qu'est-ce que vous marmonnez ?

Elle fronça les sourcils, ses yeux riaient.

— Où allez-vous ?

Les mots s'effritaient dans ma bouche comme des bûches desséchées. Changeant de pas, Véra se mit à marcher à côté de moi.

— Dix roubles, ça vous ira ?

J'acquiesçai si vite qu'elle en conçut des soupçons.

— Est-ce que tu les as au moins, les dix roubles ?

Nous entrâmes sous une porte cochère, je lui tendis ma bourse. Elle y compta vingt et un roubles ; ses yeux gris se plissaient, ses lèvres remuaient. Elle plaça les pièces d'or d'un côté, les pièces d'argent de l'autre.

— Dix roubles pour moi, dit Véra en me rendant ma bourse, cinq pour faire la noce ensemble, et le reste, garde-le pour vivre. C'est quand ta paie ?

Je répondis que je toucherais ma paie dans quatre jours. Nous sortîmes de dessous le porche. Véra me donna le bras et pressa son épaule contre la mienne. Nous remontâmes la rue qui refroidissait. Le trottoir était couvert d'un tapis de légumes fanés.

— On irait bien à Borjom par cette chaleur...

Les cheveux de Véra étaient retenus par un ruban où se reflétaient et se tordaient les éclairs des réverbères.

— Eh bien, file à Borjom...

C'est moi qui avais dit : file. Pourquoi l'avais-je prononcé, ce mot ?

— Pas de fric, répondit Véra.

Elle bâilla et oublia mon existence. Elle m'oublia parce que sa journée était faite et que le gain était facile avec moi. Elle avait compris que je ne lui attirerais pas d'ennuis avec la police et que je ne lui prendrais pas son argent et ses boucles d'oreilles pendant la nuit.

Nous arrivâmes au pied de la montagne de Saint-David. Là je commandai un *lioulé-kebab* dans une gargote. Sans attendre la nourriture, Véra alla s'asseoir près d'un groupe de vieux Persans qui discutaient de leurs affaires. Appuyés sur leurs bâtons brillants, hochant leurs têtes olivâtres, ils essayaient de persuader le cabaretier que le moment était venu pour lui d'agrandir son commerce. Véra se mêla à leur conversation. Elle prit le parti des vieillards. Elle était d'avis qu'il fallait transférer la gargote dans l'avenue Mikhaïlovski. Aveuglé par la veulerie et la prudence, le cabaretier reniflait. Je mangeai tout seul mon *lioulé-kebab*. Les bras nus de Véra coulaient de ses manches de soie, elle tapait du poing sur la table, ses boucles d'oreilles voltigeaient entre les longs dos aux couleurs passées, les barbes orangées et les ongles peints. Son *lioulé-kebab* était froid, lorsqu'elle revint à notre table. Elle avait le visage brûlant d'émotion.

— Pas moyen de le remuer, cet âne... Dans l'avenue Mikhaïlovski avec de la cuisine orientale, tu te rends compte des affaires qu'il pourrait faire !...

Devant notre table, des connaissances de Véra défilaient, l'une après l'autre, princes en vestes circassiennes, officiers d'un certain âge, boutiquiers en veston de tussor et vieillards ventripotents, le visage basané et les joues couvertes de comédons verdâtres. C'est seulement peu avant minuit que nous arrivâmes à l'hôtel, mais là aussi Véra se trouva d'innombrables occupations. Une petite vieille faisait ses bagages pour aller voir son fils à Armavir. M'abandonnant, Véra courut chez elle, lui ferma sa valise en s'agenouillant dessus, attacha ses oreillers avec des courroies, enveloppa des petits pâtés dans du papier paraffiné. La costaude petite vieille, en chapeau de gaze, un sac roux sur le côté, allait de chambre en chambre faire ses adieux. Elle traînait ses bottines de caoutchouc dans le couloir, sanglotait et souriait de toutes ses rides. Les adieux durèrent une bonne heure. J'attendais Véra dans une chambre miteuse encombrée de fauteuils à trois pieds et d'un poêle de terre cuite, et pleine de recoins humides couverts de moisissures.

On m'avait si longtemps martyrisé et trimbalé à travers la ville, que mon amour même était devenu pour moi un ennemi, un ennemi obsédant...

Une vie étrangère traînait ses pieds dans le couloir et riait soudain aux éclats. Dans une fiole remplie d'un liquide laiteux, des mouches étaient en train de mourir. Chacune mourait à sa manière. Pour l'une, l'agonie durait longtemps avec de violents soubresauts. Une autre mourait après quelques frémissements à peine perceptibles. Un livre traînait à côté de la fiole, sur la nappe usée, un roman de Golovine sur la vie des boyards. Je l'ouvris au hasard. Les lettres se rangèrent en ligne et se confondirent. Devant moi, dans le rectangle de la fenêtre, s'étendait une montée caillouteuse, une tortueuse ruelle turque. Véra entra dans la chambre.

— Nous avons accompagné Fédossia Mavrikéevna, dit-elle. Tu sais, c'était une vraie mère pour nous toutes... La vieille voyage seule, sans compagnon, sans personne...

Véra s'assit sur le lit, les genoux écartés. Ses yeux erraient dans les pures régions des soucis et de l'amitié. Puis elle me vit, dans ma veste croisée. Entrelaçant ses doigts, elle s'étira.

— Tu as poireauté, c'est sûr... Ça ne fait rien, on va s'y mettre tout de suite...

Mais ce que Véra s'apprêtait à faire, je ne le compris pas. Ses préparatifs ressemblaient à ceux d'un médecin avant une opération. Elle alluma un réchaud à pétrole et y posa une casserole d'eau. Elle étala une serviette propre sur le bois du lit et suspendit un bock à injection au-dessus de sa tête, un bock muni d'un tuyau blanc qui ballottait le long du mur. Quand l'eau fut chaude, elle la versa dans le bock, y jeta des cristaux rouges et se mit à retirer sa robe par-dessus sa tête. Une grande femme aux épaules tombantes et au ventre fripé se tenait devant moi. Ses tétins avachis fixèrent leur regard aveugle, chacun de son côté.

— En attendant que l'eau tiédisse, viens donc par ici, mon petit sauteur, dit ma bien-aimée.

Je ne bougeai pas. Le désespoir s'était raidi en moi. Pourquoi avais-je échangé ma solitude contre cette tanière pleine d'une misérable tristesse, ces mouches agonisantes et ces meubles à trois pieds ?...

Ô dieux de ma jeunesse !... Comme cette popote prosaïque ressemblait peu à l'amour de mes propriétaires dans la chambre voisine, à leurs longs cris aigus qui s'éteignaient lentement...

Véra mit ses mains sous ses seins et les fit remuer.

— Pourquoi tu restes là tout triste, la tête basse ?... Viens ici...

Je ne bougeai pas. Véra ramena sa chemise sur son ventre et s'assit de nouveau sur le lit.

— C'est l'argent que tu regrettes ?...

— L'argent, ça m'est bien égal.

J'avais dit cela d'une voix brisée.

— Comment, ça t'est égal ?... Serais-tu un voleur ?...

— Je ne suis pas un voleur.

— Tu es de mèche avec des voleurs ?...

— Je suis un garçon.

— Je vois bien que tu n'es pas une vache, grommela Véra.

Ses yeux papillotaient de sommeil. Elle se coucha et, m'attirant contre elle, se mit à promener ses mains sur mon corps.

— Un garçon, m'écriai-je, tu comprends, un garçon chez des Arméniens...

Ô dieux de ma jeunesse ! Des vingt années de ma vie, j'en avais passé cinq à inventer des histoires, des milliers d'histoires qui me pompaient le cerveau. Elles reposaient sur mon cœur comme un crapaud sur une pierre. Mue par la force de la solitude, l'une d'elles était tombée à terre. De toute évidence, il était écrit qu'une prostituée de Tiflis deviendrait ma première lectrice. Je fus glacé par la soudaineté de mon invention et je lui racontai l'histoire du garçon pour Arméniens. Si j'avais réfléchi à mon art moins souvent et avec plus de paresse, je lui aurais débité la banale histoire du fils de riche fonctionnaire, chassé de chez lui, avec un père despote et une mère martyre. Je ne commis pas cette erreur. Une très bonne histoire n'a pas besoin de ressembler à la vie réelle ; c'est la vie qui, de toutes ses forces, cherche à ressembler à une très bonne histoire. Pour cette raison, et aussi parce qu'il le fallait ainsi pour mon auditrice, je naquis dans la bourgade d'Aliochki, dans la province de Kherson. Mon père était dessinateur dans un bureau de navigation fluviale. Il peinait jour et nuit sur ses dessins pour donner de l'instruction à ses enfants, mais nous ressemblions à notre mère, gourmande et rieuse. À dix ans, je commençai à voler de l'argent à mon père et, devenu grand, je m'enfuis à Bakou chez des parents de ma mère. Ils me firent connaître un Arménien, Stépan Ivanovitch. Nous nous sommes mis ensemble et nous avons vécu ainsi pendant quatre ans.

— Tu avais quel âge, à ce moment-là ?...

— Quinze ans...

Véra attendait des forfaits de cet Arménien qui m'avait débauché. Je lui dis alors :

— Nous avons vécu quatre ans ensemble. Stépan Ivanovitch se révéla l'homme le plus confiant et le plus généreux de tous ceux que j'ai connus, le plus délicat aussi et le plus noble. Il croyait tous ses amis sur parole. J'aurais dû mettre à profit ces quatre années pour apprendre un métier, mais je n'en fichais pas une rame... J'avais autre chose en tête, le billard... Stépan Ivanovitch fut ruiné par ses amis. Il leur signa des traites de cavalerie et ses amis les mirent en recouvrement...

Des traites de cavalerie... Je ne sais pas moi-même comment l'idée m'en était venue. Mais j'avais bien fait de les mentionner. Véra crut tout, lorsqu'elle entendit parler de ces traites de cavalerie. Elle s'emmitoufla dans un châle, le châle se mit à trembler sur ses épaules.

... Stépan Ivanovitch fut ruiné. On l'expulsa de son appartement, son mobilier fut vendu aux enchères. Il devint voyageur de commerce. Je cessai de vivre avec lui maintenant qu'il était dans la misère, et je passai à un marguillier vieux et riche...

Le marguillier, je l'avais volé à un écrivain quelconque, c'était l'invention d'un cœur paresseux qui ne voulait pas se donner la peine de créer un être vivant.

— Un marguillier, dis-je, et les yeux de Véra clignotèrent, échappèrent à mon emprise.

Alors, pour me ressaisir, je mis de l'asthme dans la poitrine jaune du vieillard, des crises d'asthme, le sifflement rauque de la suffocation dans cette poitrine jaune. La nuit, le vieillard sautait du lit et aspirait en gémissant l'air nocturne de Bakou, saturé de pétrole. Il ne tarda pas à mourir. L'asthme l'étouffa. Sa famille me chassa. Et me voilà maintenant à Tiflis avec vingt roubles en poche, ceux-là mêmes que Véra avait comptés sous la porte cochère dans l'avenue Golovinski. Le garçon de l'hôtel dans lequel j'étais descendu m'avait promis de riches clients, mais pour l'instant il ne m'a amené que des cabaretiers au ventre croulant... Ces gens-là n'aiment que leur pays, leurs chansons, leur vin et piétinent l'âme et les femmes des autres comme un voleur, à la campagne, piétine le potager du voisin.

Et je me mis à débiter sur les cabaretiers les bêtises que j'avais entendu dire un jour... La pitié que je m'inspirais à moi-même me déchirait le cœur. Ma perte me semblait inéluctable. J'étais secoué par des tremblements de douleur et d'inspiration. Des filets de sueur glacée se mirent à couler sur mon visage, comme des serpents qui se faufilent dans l'herbe chauffée par le soleil. Je me tus, fondis en larmes et me détournai. L'histoire était terminée. Le réchaud s'était éteint depuis longtemps. L'eau avait bouilli et refroidi. Le tuyau de caoutchouc pendait le long du mur. La femme alla sans bruit à la fenêtre. Son dos éblouissant et triste bougeait devant moi. Par la fenêtre, de la lumière s'allumait sur les terrasses des montagnes.

— Qu'est-ce qu'ils ne font pas, murmura Véra sans se retourner, mon Dieu, qu'est-ce qu'ils ne font pas…

Elle étendit ses bras nus et écarta les battants de la fenêtre. Dans la rue, les pierres sifflaient en se refroidissant. Une odeur d'eau et de poussière flottait sur la chaussée… Véra dodelinait de la tête.

— En somme, tu es une roulure, une putain comme nous autres…

Je baissai la tête.

— Une putain comme vous autres…

Véra se retourna vers moi. Sa chemise pendait en travers de son corps comme un chiffon.

— Qu'est-ce qu'ils ne font pas, répéta-t-elle plus fort, mon Dieu, qu'est-ce qu'ils ne font pas… Et des femmes, tu en as eu ?

J'appuyai mes lèvres glacées sur sa main.

— Non. Comment aurais-je pu, qui m'aurait laissé ?…

Ma tête tremblait près de sa poitrine qui se dressait, libre, au-dessus de moi. Ses tétins étirés se bousculaient contre mes joues. Ils ouvrirent mes paupières humides en se bousculant comme des veaux. Véra me regardait d'en haut.

— Petite sœur, chuchota-t-elle en se laissant glisser sur le plancher près de moi, sœurette, ma petite putain…

Maintenant, dites-moi, je voudrais vous le demander, dites-moi si vous avez déjà vu à la campagne comment des charpentiers taillent le bois pour construire une isba à un de leurs confrères, comment les copeaux s'envolent de la poutre équarrie avec efficacité, force et bonheur. Cette nuit-là, une femme de trente ans m'a dispensé sa science. J'ai appris cette nuit-là des secrets que vous n'apprendrez jamais, j'ai goûté à un amour auquel vous ne goûterez pas, j'ai entendu les paroles d'une femme adressées à une autre femme. Je les ai oubliées. Il ne nous est pas donné de nous en souvenir.

Nous nous endormîmes à l'aube. La chaleur de nos corps nous réveilla, une chaleur lourde comme une pierre dans notre lit. Au réveil, nous nous sommes souri. Je n'allai pas à l'imprimerie ce jour-là. Nous prîmes le thé sur la place du marché de la Vieille Ville. Un Turc paisible nous versa, d'un samovar enveloppé dans une serviette, un thé pourpre comme la brique et fumant comme du sang fraîchement répandu. L'incendie fumeux du soleil flamboyait dans les parois de nos verres. Les cris monotones des ânes se mêlaient au martèlement des chaudronniers. Sous des tentes, des cruches de cuivre étaient alignées sur des tapis décolorés. Des chiens fouillaient du museau dans des boyaux de bœuf. Une caravane de poussière volait vers Tiflis, la ville des roses et de la graisse de mouton. La poussière couvrait le brasier cramoisi du soleil. Le Turc nous versait encore du thé et comptait sur un boulier les petits pains en couronne que nous avions mangés. Le monde était splendide pour nous faire plaisir. Quand je fus couvert de perles de sueur, je posai mon verre retourné sur la table. En payant le Turc, je poussai vers Véra deux pièces d'or de dix roubles. Sa jambe robuste était posée sur la mienne. Elle écarta l'argent et retira sa jambe.

— Tu veux qu'on se brouille, petite sœur ?

Non, je ne voulais pas me brouiller avec elle. Nous nous donnâmes rendez-vous le soir et je remis dans ma bourse les deux pièces d'or, mes premiers honoraires.

Bien des années ont passé depuis. Pendant cette période, j'ai reçu de l'argent de rédacteurs, de gens savants, de Juifs marchands de livres. Pour des victoires qui étaient des défaites, pour des défaites devenues des victoires, pour la vie et pour la mort, ils me payaient un prix dérisoire, bien inférieur à celui que j'avais reçu, dans ma jeunesse, de ma première lectrice. Mais je n'éprouve pas d'animosité. Je n'en éprouve pas, parce que je sais que je ne mourrai pas avant d'avoir arraché des mains de l'amour une autre pièce d'or, qui sera pour moi la dernière.

Daté 1922-1928.

CHEZ GRAND-MÈRE

Le samedi, je rentrais tard à la maison, après six heures de cours au collège. Marcher dans les rues ne me donnait pas l'impression de perdre mon temps. La marche était merveilleusement propice à mes rêveries et tout ce que je rencontrais en chemin m'était familier. Je connaissais les enseignes, les pierres des maisons, les vitrines des magasins. Je les connaissais à ma façon, pour moi seul, et j'étais absolument sûr de voir en elles ce qu'elles avaient de plus important, de plus secret, ce que nous, les adultes, nous appelons l'essence des choses. Tout se gravait profondément dans mon cœur. Si l'on parlait devant moi d'une boutique, j'en revoyais l'enseigne, ses lettres d'or usées, une éraflure dans le coin gauche, la demoiselle caissière avec ses cheveux coiffés en hauteur, et je me rappelais la qualité de l'air flottant autour de cette boutique-là et autour de nulle autre. Avec les magasins, les gens, l'air, les affiches de théâtre, je me composais ma ville à moi. Je m'en souviens encore aujourd'hui, je la sens et je l'aime. Je la sens comme nous sentons le parfum de notre mère, le parfum des caresses, des mots, des sourires. Je l'aime parce que j'y ai grandi, j'y ai été heureux et triste, et surtout j'y ai rêvé avec passion, comme jamais plus.

Je prenais toujours la rue principale, car c'est là qu'il y avait le plus de monde.

Le samedi que je voudrais raconter se situait au début du printemps. À cette époque de l'année, l'air n'a pas chez nous cette douceur paisible, si suave en Russie centrale au-dessus d'une rivière ou d'un petit vallon. Chez nous, il y a une fraîcheur étincelante et légère, une ardeur superficielle traversée par un souffle froid. Je n'étais encore qu'un bambin qui ne comprenait rien, mais je sentais le printemps, et l'air frisquet m'épanouissait et me donnait de belles couleurs.

Le trajet à pied me prenait beaucoup de temps. Je contemplais longuement les diamants à la devanture d'un joaillier, je lisais les affiches de théâtre de la première à la dernière ligne et je m'arrêtai même une fois pour examiner, dans le magasin de Mme Rosalie, les corsets rose pâle aux longues jarretières onduleuses. M'apprêtant à poursuivre ma route, je heurtai un grand étudiant avec de grosses moustaches noires. Il sourit et me demanda : « On s'instruit ? » Je perdis contenance. Alors il me tapota sur l'épaule d'un air grave, en ajoutant sur un ton protecteur : « Continuez dans cet esprit, cher collègue. Mes compliments. Bonne chance ! » Et, avec un grand éclat de rire, il fit demi-tour et s'en alla. Je restai tout penaud, rentrai sans entrain à la maison et ne m'attardai plus jamais devant les vitrines de Mme Rosalie.

Ce samedi-là, je devais le passer chez Grand-mère. Elle avait une chambre à part, tout au bout de l'appartement, derrière la cuisine. Dans un coin il y avait un poêle, car Grand-mère était frileuse. Il régnait dans cette pièce une chaleur étouffante qui me donnait toujours le cafard, l'envie de m'échapper, de sortir au grand air.

J'avais transporté mes affaires, livres, pupitre et violon, chez Grand-mère. La table était déjà mise pour moi. Grand-mère s'était assise dans un coin. Je mangeais. Nous nous taisions. La porte était fermée. Nous étions seuls. Pour le déjeuner il y avait du poisson farci froid avec du raifort (un plat qui mérite bien qu'on se convertisse au judaïsme), une soupe grasse et savoureuse, du rôti aux oignons, de la salade, de la compote, du café, une tarte et des pommes. Je mangeai tout. J'étais un rêveur, c'est vrai, mais j'avais un gros appétit. Grand-mère débarrassa la table. La chambre devint propre et nette. Sur le rebord de la fenêtre, il y avait des fleurs souffreteuses. De tous les êtres vivants, Grand-mère n'aimait que son fils, son petit-fils, son chien Mimi et les fleurs. Mimi arriva lui aussi, se roula en boule sur le divan et s'endormit aussitôt. Il était paresseux comme un loir, mais c'était un excellent chien, bon, intelligent, petit et joli. Mimi était un carlin. Il avait le poil clair. Jusque sur ses vieux jours, son corps ne s'était ni avachi, ni alourdi, mais il était resté mince et fin. Il a vécu longtemps chez nous, toutes les quinze années de sa vie, depuis sa naissance jusqu'à sa mort. Il nous aimait, ce qui est bien compréhensible, mais plus que quiconque, il aimait ma grand-mère pourtant si dure et si impitoyable. Un jour, je raconterai ce que fut leur amitié silencieuse et furtive. C'est une belle histoire, touchante et tendre.

Nous étions donc trois, Grand-mère, Mimi et moi. Mimi dormait. Grand-mère, pleine de bonté dans sa robe en soie des jours de fête, était assise dans un coin, et moi, il fallait que je travaille. Ce samedi était pour moi une dure journée. Au collège j'avais eu six cours et maintenant mon professeur de musique, M. Sorokine, allait venir, puis M. L..., mon professeur d'hébreu qui avait une leçon à rattraper ; ensuite il y aurait peut-être encore M. Peysson, le professeur de français, et j'avais aussi mes devoirs à faire. Avec M. L... je me débrouillerais, nous étions de vieilles connaissances, mais la musique, les gammes, quel ennui ! Pour commencer je m'attaquai à mes devoirs. J'étalai mes cahiers et me mis à résoudre avec soin mes problèmes. Grand-mère ne m'interrompait pas, à Dieu ne plaise ! L'attention, la vénération pour mon travail donnaient à son visage un air hébété. Ses yeux ronds, jaunes et transparents ne me quittaient pas. Quand je tournais une page, ils suivaient lentement le mouvement de ma main. Un autre eût trouvé accablante la surveillance inlassable de ce regard fixe, mais moi j'avais l'habitude.

Ensuite Grand-mère me faisait réciter. Elle parlait très mal le russe, qu'elle écorchait à sa façon, mélangeant les mots russes, polonais et yiddish. Naturellement elle ne savait ni lire, ni écrire en russe, et tenait mon livre à l'envers. Cela ne m'empêchait pas de lui dévider la leçon du début jusqu'à la fin. Grand-mère écoutait, ne comprenait rien, mais la musique des mots lui était douce, elle vénérait le savoir, elle me croyait, elle avait foi en moi et voulait que je devienne un homme riche. J'avais fini mes devoirs et me plongeai dans la lecture. J'étais alors en train de lire *Premier Amour* de Tourguéniev. Tout me plaisait dans ce livre, la limpidité des mots, les descriptions, les dialogues, mais une scène surtout me bouleversa d'une manière extraordinaire, celle où le père de Vladimir frappe Zénaïde d'un coup de cravache sur la joue. J'entendais le sifflement de la cravache, son cuir flexible s'enfonçait en moi, me causant une douleur aiguë et soudaine. Une agitation inexprimable s'emparait de moi. Je dus interrompre ma lecture à cet endroit et faire quelques pas dans la chambre. Grand-mère, elle, n'avait pas bougé et même l'air chaud et entêtant demeurait immobile, comme s'il sentait que je travaillais et qu'on ne devait pas me déranger. La chaleur dans la pièce devenait de plus en plus accablante. Mimi se mit à ronfler. Jusque-là c'était le silence, un silence irréel, sans le moindre son. À cet instant, tout ce qui m'entourait me parut insolite et j'aurais voulu me sauver très loin et, en même temps, rester là pour toujours. La chambre qui s'assombrissait, les yeux jaunes de Grand-mère, sa petite silhouette emmitouflée dans un châle, courbée et taciturne dans un coin, l'air étouffant, la porte fermée, et le coup de cravache, et ce sifflement strident, maintenant seulement je comprends l'étrangeté de tout cela, sa signification considérable pour moi. Un coup de sonnette me tira de mon anxiété. C'était Sorokine. Comme je le haïssais alors, comme je détestais les gammes, cette musique criarde, inutile et incompréhensible. Il faut reconnaître pourtant que Sorokine était un excellent homme avec des cheveux noirs coupés en brosse, de grandes mains rouges et de belles lèvres pleines. Ce jour-là, sous l'œil de Grand-mère, il devait travailler une heure entière et même davantage, et il était obligé de se mettre en quatre. Ses efforts ne lui valaient d'ailleurs aucune reconnaissance. Froids et tenaces, les yeux de la vieille femme suivaient ses gestes, mais restaient, à son endroit, indifférents et distants. Grand-mère ne s'intéressait pas aux personnes étrangères à notre famille. Elle exigeait qu'elles remplissent leurs obligations envers nous, et c'est tout. Nous commençâmes à travailler. Moi je n'avais pas peur de Grand-mère, mais pendant une heure d'horloge, je dus subir le zèle démesuré de mon pauvre Sorokine. Il se sentait très dépaysé dans cette chambre isolée, devant ce chien qui dormait tranquillement et cette vieille dame hostile et froidement vigilante. À la fin il prit congé. Grand-mère lui tendit avec indifférence sa grande main dure et ridée, et ne prit même pas la peine de la secouer le moins du monde. En partant, Sorokine accrocha une chaise.

J'endurai également l'heure suivante, la leçon de M. L..., et je vis enfin arriver le moment où la porte se referma sur lui aussi.

Le soir était venu. Des points dorés s'allumèrent au loin dans le ciel. La lune aveugla la cage profonde qu'était notre cour. Chez les voisins, une voix de femme entonna la romance *D'où vient que j'aime à la folie*. Le reste de la famille était parti au théâtre. Une tristesse m'envahit. J'avais tant lu, tant travaillé, tant regardé. Grand-mère alluma la lampe. Aussitôt sa chambre devint paisible, les meubles lourds et sombres s'éclairèrent d'une douce lumière. Mimi se réveilla, fit un tour dans la maison, revint auprès de nous et se mit à attendre le dîner. La servante apporta le samovar. Grand-mère adorait le thé. Pour moi, il y avait du pain d'épices. Nous bûmes beaucoup. De la sueur se mit à briller dans les rides profondément creusées de Grand-mère. « Tu as sommeil ? » demanda-t-elle. Je répondis que non. Nous commençâmes à bavarder. Et j'écoutai une fois de plus les histoires préférées de Grand-mère. Il y a longtemps, voilà bien des années, un Juif tenait une auberge. Il était pauvre, il avait une femme et beaucoup d'enfants, et il vendait de la vodka non taxée. Un contrôleur venait le voir et le tourmentait. La vie devenait impossible. Il alla trouver un *tsadik*[1] et lui dit : « Rabbi, il y a un contrôleur qui m'empoisonne l'existence. Priez Dieu pour moi. — Va en paix, lui dit le *tsadik*. Le contrôleur se calmera. » Le Juif s'en alla. Sur le seuil de son auberge, il trouva le contrôleur étendu raide mort, le visage enflé et cramoisi.

Grand-mère se tut. Le samovar ronronnait. La voisine

1. Personnage vénérable, considéré comme un saint par les Juifs. *(Toutes les notes sont de la traductrice.)*

continuait à chanter. La lune répandait toujours sa lumière aveuglante. Mimi remua la queue. Elle avait faim.

— Dans le temps, les gens avaient la foi, dit Grand-mère. La vie était plus simple. Quand j'étais une jeune fille, les Polonais se sont révoltés. Près de chez nous se trouvait le domaine d'un comte polonais. Le tsar en personne venait lui rendre visite. Le comte donnait des fêtes qui duraient des sept jours entiers. La nuit, je courais au château et je regardais par les fenêtres illuminées. Le comte avait une fille et les plus belles perles du monde. Ensuite il y a eu ce soulèvement. Des soldats sont arrivés et ils ont traîné le comte sur la place. Nous étions tous rassemblés autour et nous pleurions. Les soldats ont creusé une fosse. On a voulu bander les yeux au vieillard, mais il a dit : « Inutile », il s'est planté devant les soldats et leur a commandé : « Feu ! » Le comte était grand, avec des cheveux gris. Les paysans l'aimaient. Pendant qu'on commençait à l'enterrer, un courrier est arrivé à toute bride. Il apportait la grâce accordée par le tsar.

Le samovar s'éteignait. Grand-mère but un dernier verre de thé déjà froid et, de sa bouche édentée, elle suçota un petit morceau de sucre.

— Ton grand-père connaissait beaucoup d'histoires, reprit-elle, mais il ne croyait à rien, il avait seulement foi dans les hommes. Il a distribué tout son argent à ses amis et le jour où il leur a demandé de l'aider, ils l'ont jeté en bas de l'escalier ; c'est ça qui lui a dérangé l'esprit.

Et Grand-mère me parle de mon grand-père, cet homme de haute taille, moqueur, passionné et despotique. Il jouait du violon, écrivait la nuit des ouvrages de sa composition et savait toutes les langues. Il était possédé d'une soif intarissable de connaître et de vivre. La fille d'un général tomba amoureuse de leur fils aîné qui se mit à voyager beaucoup, à jouer aux cartes et qui mourut au Canada à l'âge de trente-sept ans. Il n'était plus resté à Grand-mère qu'un seul fils et moi. Tout a passé. Le jour décline, le soir tombe, et la mort approche lentement. Grand-mère se tait, baisse la tête et pleure.

— Étudie, me dit-elle soudain avec force, étudie, et tu obtiendras tout, richesse et gloire. Il faut que tu saches tout. Les gens tomberont à tes pieds et s'humilieront devant toi. Il faut que tout le monde t'envie. N'aie confiance en personne. N'aie pas d'amis. Ne leur donne pas d'argent. Ne leur donne pas ton cœur.

Grand-mère ne me raconte plus rien. Le silence règne. Elle songe aux années et aux chagrins passés, elle songe à mon destin, et ses dures recommandations tombent lourdement, et pour toujours, sur mes frêles épaules d'enfant. Dans un coin sombre, le poêle de fonte brûlant répand une chaleur insupportable. J'étouffe, je ne peux plus respirer, il faut que je sorte au grand air, que je m'échappe, mais je n'ai pas la force de relever ma tête inclinée.

À la cuisine, de la vaisselle s'entrechoque. Grand-mère va voir. Nous nous préparons à dîner. J'entends bientôt sa voix métallique et irritée. Elle crie après la servante. J'éprouve une sensation bizarre et douloureuse. C'était pourtant bien elle qui, tout à l'heure, respirait la paix et la tristesse. La servante lui tient tête.

— Fiche le camp, souillon ! hurle la voix suraiguë de Grand-mère, pleine d'une fureur incontrôlable. C'est moi la patronne ici. Tu me casses tout. Ouste !

Je ne peux pas supporter ces cris assourdissants, leur timbre métallique. Par la porte entrouverte, je vois ma grand-mère, le visage tendu, la lèvre inférieure agitée d'un petit tremblement cruel, le cou tout gonflé. La servante réplique quelque chose.

— Va-t'en, dit ma grand-mère.

Le calme est revenu. Le dos rond, la servante s'est glissée hors de la cuisine, sans bruit, comme si elle craignait d'offenser le silence.

Nous dînons sans parler. Nous mangeons tout notre saoul, copieusement, en prenant notre temps. Les yeux transparents de Grand-mère sont fixes, et ce qu'ils regardent, je l'ignore.

Ensuite je ne vois plus rien, parce que je dors à poings fermés, d'un sommeil d'enfant, enfoui dans la chambre surchauffée de ma grand-mère.

Daté 1915.

ODESSA

Odessa est une ville exécrable. Chacun sait comment on y écorche la langue russe. Il me semble pourtant qu'on peut dire beaucoup de bien de cette ville importante, la plus attachante peut-être de tout l'Empire russe. Songez donc, une ville dans laquelle vivre est facile, clair et sans problème. Les Juifs y constituent la moitié de la population, et les Juifs sont un peuple qui a fini par savoir sur le bout du doigt un certain nombre de choses très simples. Ils se marient pour ne pas être seuls, ils aiment pour vivre éternellement, ils amassent de l'argent pour posséder des maisons et offrir à leurs femmes des jaquettes d'astrakan, ce sont de bons pères, parce que c'est très bien d'aimer ses enfants et qu'il le faut. Les pauvres Juifs d'Odessa ont très peur des gouverneurs et des circulaires administratives, mais il n'est pas facile de les déloger de leur position, une position vraiment très ancienne. On ne les en chassera pas et on apprendra d'eux beaucoup de choses. C'est en grande partie grâce à leurs efforts que s'est créée l'atmosphère de légèreté et de clarté qui entoure Odessa.

L'Odessite est tout le contraire de l'habitant de Petrograd. Cela devient un axiome que les Odessites se font une belle situation à Petrograd. Ils gagnent de l'argent. Parce qu'ils sont bruns, des dames blondes et bien en chair s'amourachent d'eux. Et d'ordinaire l'Odessite à Petrograd a tendance à s'installer dans l'avenue Kamennostrovski. On dira que je cherche à faire un bon mot. Non, pas du tout. Il s'agit là de réalités plus profondes. Simplement ces hommes bruns apportent avec eux un peu de soleil et de légèreté.

Outre les gentlemen porteurs d'un peu de soleil et de beaucoup de sardines dans leur emballage d'origine, je crois que devra venir de là-bas, et avant longtemps, l'influence féconde et vivifiante du midi russe, d'Odessa, peut-être, *qui sait**[1], la seule ville de Russie où puisse naître celui dont nous avons tant besoin, notre Maupassant national. Je vois même de toutes petites gamines qui annoncent l'avenir des chanteuses d'Odessa (je songe à Izia Krémer[2]). Elles n'ont pas une grande voix, mais elles possèdent la joie, une joie qui s'exprime avec art dans tout leur être, elles ont de la fougue, de la légèreté et une manière charmante, tantôt triste et tantôt émouvante, de sentir la vie, la vie bonne, mauvaise et, *quand même et malgré tout**, extraordinairement intéressante.

J'ai vu Outotchkine[3], un Odessite *pur sang**, à la fois insouciant et profond, intrépide et circonspect, élégant avec des bras trop longs, brillant et bègue. Il a été rongé par la cocaïne ou la morphine ; cela lui est arrivé, dit-on, après être tombé d'un avion quelque part dans les marais

1. Les mots ou expressions en italiques suivis d'un astérisque sont en français dans le texte.
2. Izia Krémer (1885-1956), chanteuse russe née à Odessa.
3. S. I. Outotchkine (1874-1916), pionnier de l'aviation russe, né à Odessa.

de la province de Novgorod. Pauvre Outotchkine, il a perdu la raison, mais il me paraît tout de même évident que le temps viendra bientôt où la province de Novgorod se rendra à pied à Odessa.

Cette ville réunit, avant tout, les conditions purement matérielles nécessaires à l'éclosion d'un talent comme celui de Maupassant. L'été, on y voit briller au soleil, dans les bains de mer, les formes de bronze musclées des jeunes sportifs, les corps vigoureux des pêcheurs qui ne font pas de sport, les corpulences grasses, ventripotentes et débonnaires des négociants et, boutonneux et maigres, les rêveurs, inventeurs et courtiers. Et non loin de la vaste mer, les fabriques fument et Karl Marx fait sa besogne habituelle.

À Odessa, il y a un ghetto juif très pauvre, très populeux et très malheureux, une bourgeoisie très imbue d'elle-même, et un conseil municipal ultraréactionnaire.

À Odessa, il y a des soirs de printemps doux et alanguissants, la senteur épicée des acacias et la lune qui répand au-dessus de la mer sa lumière égale et irrésistible.

À Odessa, le soir, dans leurs villas ridicules et vulgaires, des bourgeois gros et ridicules sont couchés en chaussettes blanches sur des canapés, sous le ciel de velours sombre, et digèrent leur copieux dîner, tandis que, derrière les buissons, leurs épouses poudrées, empâtées par l'oisiveté et naïvement sanglées dans leur corset, sont ardemment enlacées par de fougueux étudiants en médecine et en droit.

À Odessa, les bons à rien qu'on appelle en yiddish des *Luftmenschen*, des « hommes de vent », rôdent autour des cafés pour essayer de gagner un rouble et nourrir leur famille, mais ils n'ont pas l'occasion de se faire un rouble, et d'ailleurs à quoi bon laisser un « homme de vent » gagner un peu d'argent ?

À Odessa, il y a un port, et dans ce port des bateaux venus de Newcastle, de Cardiff, de Marseille et de Port-Saïd, il y a des Nègres, des Anglais, des Français et des Américains. Odessa a connu une ère de prospérité, elle connaît une période de déclin, un déclin poétique, un tantinet insouciant et très désemparé.

« Odessa, dira en fin de compte le lecteur, Odessa est une ville comme les autres, et vous êtes simplement d'une partialité excessive. »

C'est vrai, je suis en effet partial, et peut-être le suis-je sciemment, mais *parole d'honneur**, cette ville a quelque chose. Et ce quelque chose, tout homme digne de ce nom le percevra et il dira que la vie est triste, monotone - ce qui est exact -, mais que néanmoins, *quand même et malgré tout**, elle est extraordinairement, vraiment extraordinairement intéressante.

De ces réflexions sur Odessa ma pensée se tourne vers des choses plus profondes. Tout bien considéré, n'apparaît-il pas qu'il n'y a encore jamais eu, dans la littérature russe, de description joyeuse, véritable et lumineuse du soleil ?

Tourguéniev a célébré les matins couverts de rosée, le calme de la nuit. Chez Dostoïevski, on peut sentir la chaussée inégale et grise qu'emprunte Karamazov pour se rendre à l'auberge, le brouillard mystérieux et lourd de Saint-Pétersbourg. Les routes grises et le manteau de brouillard ont étouffé les gens et, ce faisant, ils les ont déformés d'une manière affreuse et comique, ils ont fait surgir les émanations putrides des passions et rendu plus frénétique encore la vaine agitation dont les hommes sont si coutumiers. Vous souvenez-vous du soleil clair et fécondant chez Gogol, un homme venu d'Ukraine ? Si de telles descriptions existent, elles constituent un épisode. Mais *Le Nez*, *Le Manteau*, *Le Portrait* et *Le Journal d'un fou* ne sont pas un épisode.

Saint-Pétersbourg a vaincu Poltava. Akaki Akakiévitch[1] a effacé Gritsko[2], très discrètement, mais avec un autoritarisme effrayant, et le Père Matveï[3] a achevé la tâche commencée par Tarass[4]. Le premier écrivain russe qui ait parlé du soleil, qui en ait parlé avec enthousiasme et passion, c'est Gorki. Mais justement parce qu'il en parle avec enthousiasme et passion, ce n'est pas encore tout à fait authentique.

Gorki est un précurseur, le plus puissant de notre temps. Il n'est pas un chantre du soleil, mais le héraut d'une vérité, à savoir que si quelque chose mérite d'être célébré, c'est bien le soleil. Dans l'amour de Gorki pour le soleil, il y a quelque chose de cérébral ; seul son immense talent lui a permis de surmonter cet obstacle.

Il aime le soleil, parce qu'en Russie tout est pourri et tortueux, parce qu'à Nijni-Novgorod, à Pskov et à Kazan, les hommes sont veules, lourds, tantôt incompréhensibles, tantôt pathétiques, tantôt d'un ennui énorme et abrutissant. Gorki sait pourquoi il aime le soleil, pourquoi il faut l'aimer. C'est justement à cause de cette attitude trop consciente que Gorki reste un précurseur souvent admirable et puissant, mais seulement un précurseur.

Alors que Maupassant ne sait peut-être rien, à moins que peut-être il ne sache tout. Une diligence roule avec fracas sur une route calcinée par une chaleur torride. Un gros gars malin, Polyte, et une fille de la campagne, solide et lourdaude, sont assis dedans. Ce qu'ils y font et pourquoi ils le font, c'est leur affaire. Le ciel a chaud, la terre a chaud. Polyte et la fille sont ruisselants de sueur, tandis

1. Akaki Akakiévitch est le personnage central du *Manteau* de Gogol.
2. Un jeune et joyeux paysan dans les *Nouvelles ukrainiennes* de Gogol.
3. Vers la fin de sa vie, Gogol tomba sous l'influence d'un prêtre ascétique et fanatique, le Père Matveï Konstantinovski.
4. Personnage central du roman de Gogol intitulé *Tarass Boulba*.

que la diligence roule avec fracas sur la route brûlée par la chaleur lumineuse et torride. Et voilà tout[1].

Ces derniers temps, on a pris goût à décrire comment les gens vivent, aiment, tuent, et votent aux élections locales dans les provinces d'Olonetz, de Vologda ou, disons, d'Arkhangelsk. Tout cela est écrit dans la langue la plus fidèle, exactement comme on parle dans les provinces d'Olonetz et de Vologda. Nous apprenons ainsi que la vie, là-bas, est d'une froide tristesse, qu'elle reste encore très primitive. C'est une vieille histoire. Et bientôt nous en aurons assez de lire ce genre de choses. Du reste, nous en avons déjà assez. Il me semble en effet que les Russes seront attirés par le midi, par la mer et le soleil. C'est d'ailleurs une erreur d'employer le futur. Ils éprouvent cette attirance depuis bien des siècles. C'est dans son élan indestructible vers les steppes et peut-être même dans son élan vers la « croix de Sainte-Sophie » que se cachent les destinées essentielles de la Russie.

Le besoin de se rafraîchir le sang se fait sentir. L'atmosphère devient étouffante. Le Messie littéraire, si longtemps et si vainement attendu, viendra de là-bas, des steppes ensoleillées, baignées par la mer.

Publié en 1916-1917.

1. Allusion au récit de Maupassant *L'aveu*, qui tient aussi une grande place dans la nouvelle d'Isaac Babel intitulée *Guy de Maupassant*.

CHABOS-NAHAMOU*[1]

Il y eut un matin, il y eut un soir, ce fut le cinquième jour. Il y eut un matin, le soir vint, ce fut le sixième jour. Le sixième jour, le vendredi soir, il faut prier ; quand on a fini de prier, il faut faire un tour dans la bourgade, en arborant son plus beau chapeau, et rentrer à temps pour dîner. Chez lui, le Juif boit un petit verre de vodka - ni Dieu, ni le Talmud ne lui interdisent d'en boire deux -, il mange du poisson farci et du *kouguel*[2] aux raisins secs. Après le repas, il commence à se sentir le cœur gai. Il raconte des histoires à sa femme, après quoi il dort, un œil fermé et la bouche ouverte. Il dort, et sa femme, à la

* Ce texte unique en son genre porte en sous-titre : « Récit tiré du cycle Herschele ». Sans doute Babel avait-il l'intention de consacrer d'autres récits à ce personnage du folklore juif.

1. Le samedi qui suit la commémoration de la destruction du Temple de Jérusalem s'appelle Chabos-Nahamou, parce qu'on lit à l'office un passage d'Isaïe commençant par ces mots « *nahmou, nahmou ami* », console-toi, console-toi, mon peuple.
2. Sorte de tourte salée ou sucrée.

cuisine, entend de la musique, à croire que le violoneux aveugle est venu de la bourgade et joue sous la fenêtre.

Telle est la coutume chez tous les Juifs. Mais tous les Juifs, cela ne veut pas dire Herschele[1]. Ce n'est pas sans raison que sa renommée s'est répandue dans tout Ostropol, dans tout Berditchev, dans tout Viliouïsk.

Sur six vendredis, Herschele en fêtait un seul. Les autres soirs, il les passait avec sa famille dans l'obscurité et le froid. Ses enfants pleuraient. Sa femme lui lançait des reproches dont chacun était lourd comme un pavé. Herschele lui répondait en vers.

Une fois - c'est ce qu'on raconte - Herschele voulut être prévoyant. Le mercredi, il se rendit à la foire pour gagner de l'argent en vue du vendredi. Là où il y a une foire, il y a un *pane*[2]. Là où il y a un *pane*, il y a dix Juifs qui tournicotent. Auprès de dix Juifs, c'est bien rare si on arrive à gagner trois sous. Tout le monde écoutait les histoires drôles de Herschele, mais quand venait le moment de lâcher une petite pièce, bonsoir, plus personne.

L'estomac vide comme un instrument à vent, Herschele s'en retourna tristement chez lui.

— Qu'est-ce que tu as gagné ? lui demanda sa femme.

— J'ai gagné la vie éternelle, répondit-il. Riches et pauvres, ils me l'ont tous promise.

La femme de Herschele n'avait que dix doigts. Elle les replia tous l'un après l'autre. Sa voix grondait comme le tonnerre dans les montagnes.

— Les autres femmes ont un mari qui est un mari. Mais

1. Herschel d'Ostropol vécut en Ukraine à la fin du XVIIIe siècle et au début du XIXe siècle. Sorte de Till Eulenspiegel juif, il mena une vie de vagabond, racontant des histoires drôles où il glorifie les pauvres et ridiculise les riches avares.
2. Hobereau polonais.

le mien, tout ce qu'il sait faire, c'est nourrir sa femme avec des bons mots. Dieu fasse que pour le Nouvel An il ait perdu l'usage de sa langue, de ses bras et de ses jambes !

— *Amen !* répondit Herschele.

— À toutes les fenêtres des bougies brillent, comme si on avait mis le feu à des chênes dans les maisons. Mais moi j'ai des bougies minces comme des allumettes, et la fumée qu'elles font s'élance jusqu'au ciel. Chez les autres, le pain blanc est déjà prêt, mais moi mon mari m'apporte du bois mouillé comme des cheveux qu'on vient de laver...

Herschele se garda bien de souffler mot en réponse. À quoi bon jeter des bûches sur le feu, quand il brûle déjà haut et clair ? Et d'un. Et que peut-on répondre à une femme acariâtre quand elle a raison ? Et de deux.

Vint le moment où son épouse en eut assez de crier. Herschele se retira, se coucha sur son lit et se mit à réfléchir.

« Si j'allais voir Rabbi Boroukhl ? » se dit-il.

(Tout le monde sait que Rabbi Boroukhl souffrait de mélancolie noire et qu'il n'y avait pas pour lui de meilleure médecine que les paroles de Herschele.)

« Si j'allais voir Rabbi Boroukhl ? Les serviteurs du *tsadik*[1] me donnent les os et se prennent la viande. C'est vrai. La viande est meilleure que les os, mais les os sont meilleurs que l'air. Allons chez Rabbi Boroukhl. »

Herschele se leva et sortit atteler son cheval. La bête lui jeta un regard sévère et triste.

« Fort bien, Herschele, disaient ses yeux, hier tu ne m'as pas donné d'avoine, avant-hier tu ne m'as pas donné d'avoine, et aujourd'hui je n'ai rien reçu. Si demain non plus tu ne me donnes pas d'avoine, je devrai me demander sérieusement si je vais continuer à vivre. »

1. Voir note 1, p. 28.

Herschele ne put soutenir ce regard attentif, il baissa les yeux et caressa les douces lèvres du cheval. Puis il soupira si bruyamment que le cheval comprit tout, et il décida : « J'irai à pied chez Rabbi Boroukhl. »

Quand Herschele se mit en chemin, le soleil était déjà haut dans le ciel. Devant lui, la route brûlante s'enfuyait au loin. Des bœufs blancs tiraient lentement des charrettes de foin odorant. Jambes pendantes, les paysans, juchés sur leurs hauts chariots, agitaient de longs fouets. Le ciel était bleu foncé et les fouets noirs.

Après avoir fait un bout de chemin - quelque cinq verstes -, Herschele arriva à une forêt. Le soleil avait déjà quitté sa place. De tendres incendies embrasaient le ciel. Des fillettes, les pieds nus, revenaient des pâturages en chassant les vaches devant elles. Sous chaque vache un pis rose se balançait, gonflé de lait.

Dans la forêt, Herschele fut accueilli par la fraîcheur et l'ombre silencieuse. Les feuilles vertes se penchaient l'une vers l'autre, se caressaient de leurs mains plates et, après s'être chuchoté des choses, tout bas, dans les cimes, elles revenaient à leur place en bruissant et frissonnant.

Herschele ne prêtait pas l'oreille à leur murmure. Un orchestre aussi grand que celui des bals chez le comte Pototski jouait dans son estomac. Il lui restait encore beaucoup de chemin à faire. Une obscurité légère accourait des deux bords de l'horizon, se refermait au-dessus de la tête de Herschele et flottait sur la terre. Des lanternes immobiles s'allumèrent dans le ciel. La terre se tut.

La nuit était tombée quand Herschele arriva près d'une auberge. Une lumière brillait à une petite fenêtre. Dans la chambre tiède, Zelda, la patronne, était assise à cette fenêtre et cousait des langes. Son ventre était aussi gros que si elle allait mettre au monde des triplés. Herschele jeta un regard à son petit visage rouge aux yeux bleus et lui souhaita le bonsoir.

— Puis-je me reposer chez vous, patronne ?

— Oui, faites donc.

Herschele s'assit. Ses narines se gonflaient comme des soufflets de forge. Une flamme ardente brillait dans le poêle. De l'eau bouillonnait dans une grande marmite en arrosant d'écume des raviolis blancs comme neige. Une poule dodue se balançait dans une soupe dorée. Du four émanait une odeur de gâteau aux raisins secs.

Assis sur un banc, Herschele se tordait convulsivement comme une femme sur le point d'accoucher. En une minute, il échafauda dans sa tête davantage de plans que le roi Salomon ne comptait d'épouses.

Le silence régnait dans la pièce, l'eau bouillait et la poule se balançait sur les ondes dorées.

— Où est votre mari, patronne ? demanda Herschele.

— Mon mari est parti chez le *pane*, payer le loyer.

La patronne se tut. Ses yeux naïfs s'écarquillèrent. Elle dit tout à coup :

— J'étais justement assise à la fenêtre et je réfléchissais. Je voudrais vous poser une question, monsieur le Juif. Vous voyagez sûrement beaucoup de par le monde, vous avez étudié chez le *rébe*[1] et vous connaissez les choses de la vie juive. Moi je n'ai étudié avec personne. Dites-moi, monsieur le Juif, Chabos-Nahamou va-t-il bientôt venir chez nous ?

« Hé, hé ! se dit Herschele, la question n'est pas mauvaise. Il pousse toutes sortes de légumes dans le potager du Bon Dieu... »

— Je vous demande ça parce que mon mari m'a promis que nous irions en visite chez maman quand Chabos-

1. Le rabbin.

Nahamou viendra. « Je t'achèterai une robe et une perruque neuves, et nous irons chez Rabbi Motalémi demander qu'il nous naisse un fils et pas une fille », voilà ce qu'il m'avait dit, et tout ça quand Chabos-Nahamou viendra. Je crois bien que c'est un homme de l'autre monde, n'est-ce pas ?

— Vous ne vous êtes pas trompée, patronne, répondit Herschele. C'est Dieu lui-même qui a mis ces paroles sur vos lèvres. Vous aurez un fils et une fille. Chabos-Nahamou, c'est moi, patronne.

Les langes glissèrent des genoux de Zelda. Elle se leva et sa petite tête vint heurter une poutre du plafond, parce que Zelda était grande et grasse, rouge et jeune. Sa haute poitrine ressemblait à deux sacs bourrés à craquer. Ses yeux bleus s'ouvrirent tout grands comme ceux d'un enfant.

— Justement, Chabos-Nahamou c'est moi, confirma Herschele. Cela fait déjà plus d'un mois que je voyage, patronne, je viens aider les gens. La route est longue pour descendre du ciel sur la terre. Mes bottes sont déchirées. Je vous apporte le bonjour de tous les vôtres.

— De Tante Pessia, s'écria la jeune femme, de Papa, de Tante Golda, vous les connaissez ?

— Qui ne les connaît pas ? répondit Herschele. Je leur ai parlé comme je vous parle en ce moment.

— Comment vivent-ils là-bas ? demanda la patronne en croisant ses doigts tremblants sur son ventre.

— Mal, dit Herschele d'un air morne. Quel genre de vie voulez-vous que mène un homme mort ? On ne donne pas de bals là-bas…

Les yeux de la patronne se remplirent de larmes.

— Il ne fait pas chaud là-bas, poursuivait Herschele, ils ont froid et faim. C'est parce qu'ils mangent comme les anges. Dans l'autre monde, personne n'a le droit de manger plus que les anges. Et de quoi un ange a-t-il besoin ? Il avale une gorgée d'eau et ça lui suffit. En cent ans vous ne verrez pas un seul verre de vodka là-bas...

— Pauvre Papa..., murmura la patronne consternée.

— Pour la Pâque, un ange se prendra une seule galette de pommes de terre. Une crêpe lui dure vingt-quatre heures...

— Pauvre Tante Pessia, dit la patronne en frissonnant.

— Moi-même j'ai toujours faim, dit Herschele en penchant la tête de côté, tandis qu'une larme roulait le long de son nez et se perdait dans sa barbe. Et je ne peux pas dire un mot, parce que là-bas ils me considèrent comme un des leurs...

Herschele ne put finir ce qu'il voulait dire. Piétinant lourdement avec ses grosses jambes, la patronne se précipitait pour lui apporter des assiettes, des bols, des verres, des bouteilles. Herschele se mit à manger et la femme comprit alors qu'il était réellement un homme venu de l'autre monde.

Pour commencer, Herschele mangea du foie et des oignons hachés finement ensemble et arrosés de graisse transparente. Il but ensuite un petit verre de la vodka du *pane* (dans cette vodka nageaient des morceaux d'écorce d'orange). Ensuite il mangea du poisson, après avoir mélangé au court-bouillon parfumé des pommes de terre bien tendres, et versé sur le bord de l'assiette un demi-pot de raifort rouge, un raifort à faire pleurer cinq *pane* en grande tenue.

Après le poisson, Herschele fit honneur à la poule et lampa de la soupe brûlante où nageaient des gouttelettes de graisse. Les raviolis qui baignaient dans du beurre fondu sautèrent dans la bouche de Herschele comme un lièvre bondit pour échapper au chasseur. Inutile de parler de ce qui advint au gâteau. Que pouvait-il bien lui advenir, étant donné qu'il arrivait à Herschele de ne pas voir de gâteau pendant toute une année ?

Après le repas, la patronne rassembla les effets qu'elle voulait envoyer, par l'intermédiaire de Herschele, dans l'autre monde, à son Papa, à Tante Golda et à Tante Pessia. Pour son père, elle avait mis un *taleth*[1] neuf, une grande bouteille de liqueur de cerise, un pot de confiture de framboises et une blague pleine de tabac. Pour Tante Pessia, elle avait préparé des bas gris bien chauds. Une vieille perruque, un grand peigne et un livre de prières étaient destinés à Tante Golda. En outre elle avait pourvu Herschele de bottes, d'une miche de pain, d'un pot de rillons d'oie et d'une pièce d'argent.

— Saluez-les, monsieur Chabos-Nahamou, saluez-les bien tous, recommanda-t-elle à Herschele qui emportait avec lui un lourd paquet. Ou alors, attendez un peu, mon mari va bientôt arriver.

— Non, répondit Herschele. Il faut que je me dépêche. Vous croyez peut-être que je n'ai que vous à visiter ?

Dans la forêt obscure, les arbres, les oiseaux, les feuilles vertes, tout dormait. Les pâles étoiles qui nous gardent s'étaient assoupies dans le ciel.

Lorsqu'il eut parcouru près d'une verste, Herschele s'arrêta, hors d'haleine, posa son paquet par terre, s'assit dessus et se mit à raisonner tout haut.

« Tu dois savoir, Herschele, se dit-il, tu dois savoir qu'il existe beaucoup d'imbéciles sur la terre. La patronne de l'auberge était une imbécile. Son mari est peut-être un homme intelligent avec des poings énormes, de grosses joues et un long fouet. S'il rentre chez lui et qu'ensuite il te rattrape dans la forêt, alors... »

Herschele ne prit pas la peine d'imaginer la suite. Il creusa aussitôt un trou, y enterra le paquet et mit un signe pour retrouver facilement la cachette.

1. Châle de prière.

Il courut ensuite vers l'autre bout de la forêt, se déshabilla entièrement, étreignit le tronc d'un arbre et se mit à attendre. Son attente fut de courte durée. À l'aube, Herschele entendit les claquements d'un fouet, des clappements de lèvres et le piétinement d'un cheval. C'était l'aubergiste lancé à la poursuite de Monsieur Chabos-Nahamou.

Arrivé auprès de Herschele qui, tout nu, entourait un arbre de ses bras, l'aubergiste arrêta son cheval et prit un air aussi stupide qu'un moine qui se trouverait nez à nez avec le diable.

— Que faites-vous ici ? demanda-t-il d'une voix saccadée.

— Je suis un homme de l'autre monde, répondit Herschele tristement. On m'a détroussé, on m'a volé des papiers importants que je portais à Rabbi Boroukhl...

— Je sais qui vous a dévalisé, vociféra l'aubergiste. Moi aussi j'ai des comptes à régler avec lui. De quel côté s'est-il sauvé ?

— Je ne peux pas vous le dire, murmura Herschele avec amertume. Si vous voulez, donnez-moi votre cheval. J'aurai vite fait de le rattraper. Vous, attendez-moi ici. Déshabillez-vous, mettez-vous près de cet arbre, soutenez-le, ne vous en éloignez pas d'un pas avant mon retour. Cet arbre est sacré, beaucoup de choses, en ce monde, reposent sur lui.

Herschele n'avait pas besoin d'examiner longtemps un homme pour savoir ce qu'il avait dans le ventre. Au premier coup d'œil, il avait compris que l'aubergiste n'était guère plus malin que sa femme.

Et, de fait, l'aubergiste se déshabilla et se posta près de l'arbre. Herschele monta dans la voiture et partit au grand galop. Il déterra ses affaires, les jeta dans la charrette et les emporta jusqu'à la lisière de la forêt.

Là, Herschele se chargea de nouveau le paquet sur les épaules et, abandonnant le cheval, il se mit à cheminer sur la route qui conduisait tout droit à la demeure du saint Rabbi Boroukhl.

C'était déjà le matin. Les oiseaux chantaient, les yeux fermés. La tête basse, le cheval de l'aubergiste ramena la charrette vide à l'endroit où il avait laissé son maître.

Collé contre l'arbre, son maître l'attendait, tout nu sous les rayons du soleil levant. L'aubergiste avait froid. Il se dandinait d'une jambe sur l'autre.

Publié en 1918.

UNE SOIRÉE CHEZ L'IMPÉRATRICE*

Dans ma poche j'ai des œufs de saumon et une livre de pain. Mais où loger ? Je suis debout sur le pont Anitchkov, blotti contre les chevaux de Klodt. La nuit épaisse s'avance, venant de la Morskaya. Des lumières orange errent, empêtrées dans de la ouate, le long de la perspective Nevski. Il me faut un gîte. La faim me tenaille comme un gamin malhabile racle une corde de violon. Je repasse dans ma mémoire les logements abandonnés par la bourgeoisie. Le palais Anitchkov émerge et m'emplit les yeux de toute sa masse aplatie. Le voilà mon gîte !

Se faufiler sans être vu à travers le vestibule ne présente aucune difficulté. Le palais est vide. Une souris flegmatique gratte dans une pièce latérale. Je me trouve dans la bibliothèque de l'impératrice douairière Marie

* Le thème de ce récit a été repris et remanié dans une nouvelle plus complexe, *Le voyage*, publiée une dizaine d'années plus tard.

Fiodorovna[1]. Debout au milieu de la pièce, un vieil Allemand se bourre les oreilles de coton hydrophile. Il s'apprête à partir. La chance m'embrasse sur les lèvres. Cet Allemand, je le connais. Un jour, je lui ai tapé gratuitement une déclaration pour signaler la perte de son passeport. L'Allemand m'est dévoué de toutes ses tripes honnêtes et flasques. Nous convenons que j'attendrai Lounatcharski[2] dans la bibliothèque, car voyez-vous, j'ai besoin de voir Lounatcharski.

Le tic-tac mélodieux de la pendule a gommé de la chambre la présence de l'Allemand. Je suis seul. Des globes de cristal brûlent au-dessus de moi avec une lumière jaune et soyeuse. Les tuyaux du chauffage répandent une chaleur indicible. Des divans profonds enveloppent de repos mon corps transi.

Une fouille superficielle s'avère fructueuse. Je trouve dans la cheminée un gâteau de pommes de terre, une casserole, une pincée de thé et du sucre. Et le réchaud à alcool a fini par tirer sa petite langue bleuâtre... Ce soir-là j'ai dîné comme un être humain. J'avais étalé une serviette d'une finesse exquise sur une petite table chinoise sculptée dont la laque ancienne miroitait. Chaque bouchée de ma ration de gros pain, je l'avalais arrosée d'un thé sucré, fumant, qui faisait scintiller des étoiles de corail sur les parois à facettes de mon verre. Le velours des sièges caressait de ses paumes potelées mes flancs maigres. Dehors, les cristaux duveteux de la neige se posaient sur le granit de Saint-Pétersbourg, engourdi par le grand froid.

La lumière ruisselait en cascades jaune citron le long

1. Marie Fiodorovna, princesse Dagmar de Danemark, était l'épouse du tsar Alexandre III et la mère du tsar Nicolas II.
2. Premier commissaire du peuple à la Culture.

des murs tièdes et effleurait le dos des livres qui lui répondaient par des lueurs d'azur et d'or.

Ces livres, dont les pages odorantes tombaient en poussière, m'emportèrent dans le lointain Danemark. Il y a plus d'un siècle, on les avait offerts à une jeune princesse sur le point de quitter son chaste petit pays pour se rendre dans la sauvage Russie. Les austères pages de titre portaient, d'une encre décolorée, sur trois lignes obliques, les adieux à la princesse des dames de la cour qui l'avaient élevée et de ses amies de Copenhague, filles des conseillers d'État, les adieux de ses maîtres, des professeurs parcheminés du lycée, et ceux du roi son père, et de la reine, sa mère éplorée. Sur de longs rayonnages sont posés de petits livres ventrus dont la tranche dorée a noirci, des évangiles pour enfants, barbouillés d'encre, de timides pâtés et de naïves invocations improvisées au Seigneur Jésus, des tomes en maroquin de Lamartine et de Chénier avec des fleurs séchées qui s'effritent. Je feuillette ces pages usées qui ont survécu à l'oubli et voici que surgissent devant moi l'image d'un pays inconnu, le fil de jours insolites, les clôtures basses autour des jardins royaux, la rosée sur les gazons bien tondus, les émeraudes somnolentes des canaux et le roi, un homme très grand avec des favoris chocolat, le bourdonnement paisible d'une cloche au-dessus de l'église du palais, et l'amour peut-être, un amour de jeune fille, un bref murmure dans les salles oppressantes.

Petite femme au visage imprégné de poudre, intrigante retorse avec son inlassable soif de dominer, femelle furieuse au milieu des grenadiers du régiment Préobrajenski, mère impitoyable mais attentive, écrasée par l'Allemande[1],

1. On désignait ainsi l'impératrice Alexandra (Alix de Hesse), épouse de Nicolas II et belle-fille de l'impératrice Marie Fiodorovna.

l'impératrice Marie Fiodorovna dévide devant moi le rouleau de sa vie obscure et longue.

Il était déjà tard lorsque je m'arrachai à cette chronique pitoyable et touchante, à ses fantômes au crâne ensanglanté. Contre le plafond brun baroque, les globes de cristal continuaient à brûler paisiblement, remplis d'un nuage de poussière. De la boue s'était figée en ruisselets de plomb sur les tapis bleus, près de mes souliers déchirés. Épuisé par l'activité de mon cerveau, la chaleur et le silence, je m'endormis.

Pendant la nuit, je me glissai vers la sortie, sur le parquet mat et luisant du corridor. Le cabinet d'Alexandre III est une haute boîte dont les fenêtres condamnées par des planches donnent sur la perspective Nevski. Les chambres de Mikhaïl Alexandrovitch forment un appartement assez gai d'officier cultivé qui fait de la gymnastique ; les murs sont tendus d'un tissu clair à ramages rose pâle. Sur la cheminée sont disposés des bibelots de porcelaine dans le style naïf et excessivement charnu du XVIIe siècle.

J'ai attendu longtemps, appuyé contre une colonne, que s'endorme le dernier laquais de cour. Il laissa pendre ses joues ridées, rasées par une vieille habitude. Une lanterne dorait faiblement son haut front incliné.

Avant une heure du matin, j'étais de nouveau dans la rue. La perspective Nevski me reçut dans son sein insomniaque. J'allai dormir à la gare Nicolayevski. Que ceux qui ont fui cette ville sachent qu'à Saint-Pétersbourg il y a des endroits où un poète sans logis peut passer une soirée.

Publié en 1922.

ILS ÉTAIENT NEUF*

Les neuf prisonniers ont cessé de vivre. C'est mon cœur qui me le dit. Quand notre chef de peloton, Golov, un ouvrier de Sormovo, a tué ce grand diable de Polonais, j'ai dit au chef de l'état-major :

— Le lieutenant donne le mauvais exemple aux soldats. Il faut dresser une liste des prisonniers et les expédier pour interrogatoire à l'état-major, accompagnés d'une lettre d'envoi.

Le chef d'état-major donna son accord. Je tirai de mon sac un crayon et du papier, et fis venir Golov.

— Tu regardes le monde à travers tes lunettes, dit-il en me dévisageant avec haine.

— Oui, répondis-je, et toi, tu le regardes à travers quoi ?

— À travers notre misérable vie d'ouvriers, dit-il, et il

* Babel a repris ce récit et en a fait un épisode d'une nouvelle plus complexe du recueil *Cavalerie rouge*, intitulée *Le chef d'escadron Trounov*. L'éclairage des deux récits est très différent.

s'approcha d'un prisonnier, en tenant à la main un uniforme polonais aux manches pendantes.

L'uniforme ne lui allait pas. Les manches lui venaient à peine jusqu'au coude. Golov tâta le fin caleçon du prisonnier.

— Tu es un officier, dit Golov, une main en visière sur les yeux pour se protéger du soleil.

— Non, fut la ferme réponse que nous entendîmes.

— Nous autres, on n'en porte pas des comme ça, grommela Golov, et il se tut.

Il ne disait rien, tressaillait, regardait le prisonnier, tandis que ses prunelles se décoloraient et se dilataient.

— C'est ma mère qui l'a tricoté, dit le prisonnier avec fermeté.

Je me retournai et le regardai. C'était un jouvenceau à la taille fine. Des favoris frisottaient sur ses joues jaunes.

— Ma mère l'a tricoté, répéta-t-il en baissant les yeux.

— Elle tricote aussi bien qu'une machine, ta mère, intervint Andrioucha Bourak, un petit Cosaque aux joues roses et aux cheveux soyeux, celui-là même qui avait arraché son pantalon au Polonais récalcitrant.

Ce pantalon était jeté en travers de sa selle. En riant, Andrioucha fit avancer son cheval vers Golov, lui prit l'uniforme des mains avec précaution, le jeta sur sa selle par-dessus le pantalon et, touchant sa bête du fouet, il s'éloigna de nous. À cet instant le soleil jaillit de derrière les nuages. Sa lumière éblouissante enveloppa le cheval d'Andrioucha, sa course gaie, les balancements insouciants de sa queue taillée court. Golov suivit d'un regard perplexe le Cosaque qui s'éloignait. Il se retourna et me vit en train de dresser la liste des prisonniers. Puis il vit le jouvenceau aux favoris frisés. Ce dernier leva sur lui des yeux tranquilles, pleins de condescendance juvénile, et sourit de son désarroi. Golov mit alors ses mains en porte-voix et cria :

— Notre république est toujours vivante, Andreï. C'est pas encore l'heure des partages. Jette ces nippes.

Andreï fit la sourde oreille. Il allait au trot et son cheval secouait allègrement sa queue, comme s'il nous envoyait promener.

— Trahison, dit alors Golov, en détachant nettement chaque syllabe.

Son visage devint piteux et se figea. Il mit un genou en terre, visa, tira et rata son coup. Aussitôt Andrioucha fit faire demi-tour à son cheval et fonça droit sur le chef de peloton. Sa figure rose et florissante était courroucée.

— Écoute, pays, cria-t-il d'une voix sonore, et soudain il se réjouit du son de sa propre voix puissante, prends garde, lieutenant, que je ne te cogne dessus, espèce de foutu salaud. Tu as dix Polonais à expédier, et tu en fais tout un plat. On en a liquidé par centaines et on ne t'a pas demandé un coup de main... Si t'es un ouvrier, fais ton boulot...

Et après nous avoir jeté un regard triomphant, Andrioucha partit au galop. Le chef de peloton ne leva pas les yeux vers lui. Il porta une main à son front. Du sang en ruisselait comme la pluie d'une meule. Il se coucha sur le ventre, rampa jusqu'au ruisseau et trempa longuement sa tête fracassée, couverte de sang, dans le mince filet d'eau...

Les neuf prisonniers ont cessé de vivre. C'est mon cœur qui me le dit. Assis sur mon cheval, j'en ai dressé la liste soigneusement sous forme de tableau. Dans une première colonne, il y avait leurs numéros dans l'ordre, dans la suivante leur prénom et nom de famille, et dans la troisième la désignation de leur unité. Cela m'en faisait neuf en tout. Le quatrième était Adolphe Schulmeister, un commis de Lodz, un Juif. Il n'arrêtait pas de se frotter contre mon cheval et ses doigts cajoleurs et tremblants caressaient ma botte. Un coup de crosse lui avait cassé une jambe. Elle laissait derrière elle une mince trace, comme celle d'un chien blessé devenu boiteux. Sur la calvitie grêlée et orange de Schulmeister bouillonnaient des gouttes de sueur qui brillaient au soleil.

— Vous êtes *Jude*, monsieur, chuchotait-il en caressant convulsivement mon étrier. Vous..., glapissait-il en postillonnant et en se tortillant de joie.

— Rentrez dans le rang, Schulmeister, criai-je au Juif, et soudain, saisi d'une mortelle faiblesse, je me laissai glisser à bas de ma selle et lui dis en suffoquant :

— Comment le savez-vous ?

— Le doux regard juif, glapit-il en sautant sur un pied et en traînant derrière lui la mince trace de chien, votre doux regard, monsieur...

Je m'arrachai à grand-peine à son agitation d'agonie, et ne repris mes esprits que lentement, comme après une commotion. Le chef d'état-major m'ordonna de m'occuper des mitrailleuses et repartit vers les unités. On traînait les mitrailleuses en haut d'un monticule, comme des veaux au bout d'une longe. Elles avançaient côte à côte, bien ensemble comme un seul troupeau, et faisaient un cliquetis rassurant. Le soleil scintillait sur leurs canons poussiéreux. J'aperçus un arc-en-ciel sur le métal. Le jeune Polonais aux favoris bouclés les regardait avec une curiosité de campagnard. Il pencha tout son buste en avant, me découvrant ainsi Golov qui s'était traîné hors du fossé, attentif et pâle, avec sa tête blessée et son fusil levé. J'étendis les bras vers Golov et poussai un cri, mais le son gonfla et s'étrangla dans ma gorge. Golov tira précipitamment dans la nuque du prisonnier et bondit sur ses pieds. Le Polonais, surpris, se tourna vers lui, en pivotant sur lui-même comme à l'exercice. Avec le geste lent d'une femme qui s'abandonne, il leva les deux mains vers sa nuque, s'écroula et mourut sur-le-champ.

Un sourire soulagé et tranquille flotta alors sur le visage de Golov. Les couleurs lui revinrent rapidement.

— À nous autres, notre mère ne nous tricote pas des dessous pareils, me dit-il malicieusement. Effaces-en un, donne-moi une liste de huit…

Je lui tendis le papier et proférai avec désespoir :

— Tu répondras de tout cela, Golov.

— J'en répondrai, cria-t-il avec un accent de triomphe indescriptible, mais pas devant toi, lunettes, devant des gens comme moi, ceux de Sormovo. Eux ils comprendront…

Les neuf prisonniers ont cessé de vivre. C'est mon cœur qui me le dit. Ce matin, j'ai décidé de rendre un hommage aux morts. Dans la Cavalerie Rouge, il n'y a que moi pour le faire. Notre détachement bivouaquait dans une propriété dévastée. J'ai pris le cahier où je tiens mon journal et je suis allé dans les parterres encore intacts, fleuris de jacinthes et de roses bleues.

J'avais commencé à rédiger des notes sur le chef de peloton et les neuf défunts, mais du bruit, le bruit trop familier, est venu aussitôt m'interrompre. Tcherkachine, le lèche-bottes de l'état-major, était parti en guerre contre les ruches. Mitia, un type d'Orel aux joues roses, le suivait, une torche fumante dans les mains. Ils s'étaient enveloppé la tête dans leur capote militaire. Les fentes de leurs yeux flamboyaient. Des myriades d'abeilles tentaient de repousser leurs conquérants et mouraient près des ruches. Et je reposai ma plume. J'étais épouvanté par la multitude d'hommages funèbres qu'il me faudrait encore écrire.

Daté 1923.

LA LIGNE ET LA COULEUR

J'ai rencontré pour la première fois Alexandre Fiodorovitch Kérenski le 20 décembre 1916 dans la salle à manger du sanatorium Olila. Ce fut Zatzareny, un avocat du Turkestan, qui nous présenta. Je savais, au sujet de Zatzareny, qu'il s'était fait circoncire à l'âge de quarante ans. Le grand-duc Pierre Nicolaïevitch, un cinglé tombé en disgrâce qu'on avait envoyé en exil à Tachkent, faisait grand cas de l'amitié de Zatzareny. Ce grand-duc déambulait à poil dans les rues de Tachkent, il avait épousé une femme cosaque, allumait des cierges devant un portrait de Voltaire, comme si c'était une icône de Jésus-Christ, et avait fait assécher les immenses plaines de l'Amou-Daria. Zatzareny était son ami.

Nous étions donc à l'Olila. À dix kilomètres de nous resplendissaient les granits bleus de Helsingfors. Ô Helsingfors, délice de mon cœur ! Ô ciel ruisselant au-dessus de l'esplanade, qui t'envolais au loin comme un oiseau !

C'était donc à l'Olila. Des fleurs nordiques se décomposaient dans les vases. Des ramures de rennes s'étalaient contre les plafonds sombres. La salle à manger sentait le pin, la fraîche poitrine de la comtesse Tychkévitch et les sous-vêtements de soie des officiers anglais.

À table, un Juif converti du département de police, un homme très courtois, était assis à côté de Kérenski. À sa droite se trouvait le Norvégien Nikkelsen, propriétaire d'un baleinier. À gauche était assise la comtesse Tychkévitch, belle comme Marie-Antoinette.

Kérenski mangea trois gâteaux et partit avec moi dans la forêt. Fröken[1] Kirsti passa à skis près de nous.

— Qui est-ce ? demanda Alexandre Fiodorovitch.

— C'est la fille de Nikkelsen, fröken Kirsti, répondis-je, qu'elle est jolie !...

Nous aperçûmes ensuite le traîneau du vieux Johannes.

— Qui est-ce ? demanda Alexandre Fiodorovitch.

— C'est le vieux Johannes, dis-je, il rapporte du cognac et des fruits de Helsingfors. Vous ne connaissez donc pas le cocher Johannes ?

— Je connais tout le monde ici, répondit Kérenski, mais je ne vois personne.

— Êtes-vous myope, Alexandre Fiodorovitch ?

— Oui, je suis myope.

— Il faut porter des lunettes, Alexandre Fiodorovitch.

— Jamais de la vie.

Je lui dis alors avec une vivacité juvénile :

— Songez donc, vous n'êtes pas seulement aveugle, vous êtes presque mort. La ligne, ce trait divin, cette maîtresse du monde, vous échappe à jamais. Nous marchons ensemble dans un jardin d'enchantements, dans l'indescriptible splendeur de la forêt finnoise. Jusqu'à notre heure dernière nous ne verrons rien de plus beau. Et vous, vous ne voyez pas les bords gelés et roses de la cascade, là-bas, près de la rivière. Ce saule pleureur penché au-

1. Mademoiselle (en danois).

dessus de la cascade, vous n'en voyez pas les ciselures japonaises. Les troncs rouges des pins sont couverts d'une couche de neige où fourmille un scintillement granuleux. Il commence par une ligne livide, au contact de l'arbre, et à la surface, onduleuse comme une ligne tracée par Leonardo, il est couronné par le reflet des nuages flamboyants. Et le bas de soie de fröken Kirsti, et la ligne de sa jambe déjà pulpeuse ? Achetez des lunettes, Alexandre Fiodorovitch, je vous en conjure !...

— Enfant, répondit-il, ne perdez pas votre temps. Les cinquante kopecks que coûtent des lunettes sont les seuls cinquante kopecks que je veuille économiser. Je n'ai pas besoin de votre ligne, sordide comme la réalité. Vous ne vivez pas mieux qu'un professeur de trigonométrie, alors que je suis toujours environné de merveilles, même à Kliazma. À quoi me serviraient les taches de rousseur sur le visage de fröken Kirsti, puisqu'en la distinguant à peine, je devine dans cette jeune fille tout ce que je désire en deviner ? Qu'ai-je besoin de nuages dans le ciel finlandais, alors que je vois un océan tumultueux au-dessus de ma tête ? Qu'ai-je besoin des lignes puisque j'ai les couleurs ? Le monde entier est pour moi un gigantesque théâtre où je suis le seul spectateur sans lorgnette. L'orchestre joue l'ouverture du troisième acte, la scène est loin de moi comme dans un rêve, mon cœur se gonfle de ravissement, je vois le velours pourpre dont Juliette est vêtue, les soies lilas de Roméo, et pas une seule fausse barbe... Et vous voulez m'aveugler avec des lunettes à cinquante kopecks...

Le soir, je partis en ville. Ô Helsingfors, havre de mes rêves !...

Je revis Alexandre Fiodorovitch six mois plus tard, en juin 1917, alors qu'il était chef suprême des armées de Russie et maître de nos destinées.

Ce jour-là, le pont de la Trinité[1] avait été ouvert. Les ouvriers des usines Poutilov marchaient sur l'Arsenal. Des wagons de tramway étaient couchés sur le flanc, dans les rues, comme des chevaux crevés.

Un meeting avait lieu à la Maison du Peuple. Alexandre Fiodorovitch prononça un discours sur la Russie, Mère et Épouse. La foule l'étouffait sous les peaux de bêtes de ses passions. Que crut-il voir dans ces peaux de mouton hérissées, lui, l'unique spectateur sans lorgnette ? Je ne sais. Mais après lui, Trotski monta à la tribune, tordit les lèvres et dit d'une voix qui ne laissait aucun espoir :

— Camarades et frères...

Publié en 1923.

1. Un des ponts de Petrograd que le gouvernement provisoire fit ouvrir pour isoler certains quartiers de la ville.

PAR LA LUCARNE

Fanny Ossipovna Kebtchik est une de mes vieilles amies. Dans sa jeunesse elle se prostituait, mais elle assure que jamais, « pour rien au monde », elle ne prenait moins de cinq roubles.

Maintenant elle a un « appartement familial ». Il y a deux filles, Maroussia et Tamara. Maroussia est tout à fait charmante, douce, de constitution fragile. On la prend souvent. Une fenêtre de sa chambre donne sur la rue, l'autre, toute petite, en haut sous le plafond, communique avec la salle de bains. Je l'avais remarqué et je proposai à Mme Kebtchik la combine que voici : pour cinq roubles, elle placerait une échelle contre le mur de la salle de bains, près de la lucarne, je monterais sur l'échelle et, pendant une heure ou deux, ou tout le temps que je jugerais bon, je regarderais dans la chambre de Maroussia.

Fanny fut d'abord surprise par ma proposition, puis elle dit : « Vraiment, Monsieur ne se refuse rien », et... accepta. Les cinq roubles, elle les recevait assez souvent. Naturellement, j'utilisais la lucarne quand Maroussia avait du monde. Je ne connais pas de plus grande jouissance que d'observer, impassible, le jeu de la passion sur le visage des hommes. Quelles minutes extraordinaires j'ai vécues ! Je me rappelle un vieillard corpulent qui pleurait sans bruit sur un coin du lit, un matelot ivre, un Anglais, qui battait la jeune fille froidement, avec une rage glacée. Il y avait aussi des types répugnants. Je me souviens d'un lycéen morveux, le corps boutonneux, qui tremblait d'impatience et bredouillait des paroles livresques : « Oh, je te désire. Oh, donne-toi à moi... »

Dernièrement il m'est arrivé une sale histoire. J'étais debout sur l'échelle. Maroussia avait de la visite. Par bonheur ils n'avaient pas éteint la lumière. (Souvent ils éteignent, alors c'est moche.) Le client était un type sympathique, gai, sans prétention, avec de longues moustaches inoffensives. Il avait une manière comique de se déshabiller, comme s'il était chez lui. Je l'ai vu qui ôtait son col, jetait un coup d'œil dans la glace, se découvrait un bouton sous la moustache, s'approchait, l'examinait, le pressait, tout en faisant des grimaces gaiement, d'une manière rigolote... Il a enlevé une bottine et couru aussitôt l'inspecter, voir s'il n'y avait rien qui clochait. Ils se sont couchés, se sont embrassés et chatouillés un peu. Tout se passait exactement comme d'habitude. Je m'apprêtais déjà à redescendre. À ce moment-là, je fais un geste inconsidéré, l'échelle tombe avec fracas et je reste suspendu sous le plafond.

J'entends du bruit dans l'appartement, des cris hystériques dans la chambre de Maroussia. On accourt : Fanny, Tamara et un fonctionnaire en uniforme du ministère de l'Instruction publique. On me descend. Ma situation est pitoyable. Maroussia arrive, à demi vêtue, avec son client, un grand escogriffe qui avait enfilé ses habits de travers et s'était boutonné à la va-vite. Maroussia devine de quoi il s'agit et reste sidérée. Elle me regarde longuement et dit tout bas avec étonnement :

— Salaud, ah quel salaud !...

Puis elle se tait, nous dévisage tout lentement, s'approche du grand escogriffe, lui baise la main, va savoir pourquoi, et pleure sans bruit. Elle pleure et répète en l'embrassant et le caressant :

— Que tu es gentil, mon Dieu, que tu es gentil...

Le grand escogriffe reste planté, l'air complètement idiot. Je suis tout retourné et je vais voir Fanny.

Une demi-heure plus tard, Maroussia connaît le secret. Tout est avoué, tout est oublié. Mais moi je me demande : pourquoi Maroussia a-t-elle embrassé le grand escogriffe ?

— Fanny Ossipovna, dis-je, je vous donnerai dix roubles, laissez-moi regarder encore une fois.

Fanny m'assure que j'ai perdu la raison, mais dix roubles... Me voilà de nouveau debout sur l'échelle, en train de regarder dans la chambre, et que vois-je ? Maroussia a enlacé son visiteur de ses bras blancs et minces, et elle le couvre lentement de longs baisers. Des larmes abondantes coulent de ses yeux.

— Mon chéri, mon Dieu, mon chéri..., murmure-t-elle, en s'abandonnant avec la passion d'une femme amoureuse.

Et son visage exprime qu'elle a un seul défenseur au monde, le grand escogriffe.

Et le grand escogriffe, tout à son affaire, nage dans le bonheur.

Publié en 1923.

CHEZ NOTRE CHEF MAKHNO[1]

Six types de la bande à Makhno ont violé une servante la nuit dernière. L'ayant appris au matin, je décidai d'aller voir à quoi ressemble une femme après un viol répété six fois. Je la trouvai à la cuisine. Elle faisait la lessive, penchée sur un baquet. C'était une grosse dondon aux joues florissantes. Seule une existence sans hâte sur la fertile terre ukrainienne peut remplir une Juive de sucs aussi bovins, donner à son visage un lustre aussi graisseux. Les jambes de la fille, grasses, couleur de brique, gonflées comme des globes, répandaient une odeur douceâtre comme celle de la viande fraîchement découpée. Et j'eus l'impression que de sa virginité de la veille, il ne restait que ses joues, plus enflammées qu'à l'ordinaire, et ses yeux baissés.

Outre la servante, il y avait encore, assis dans la cuisine, ce petit garnement de Kikine, le garçon de courses de l'état-

1. Nestor Makhno (1884-1935), un Ukrainien, était le chef d'une bande de partisans anarchistes qui combattirent contre les Blancs et contre les Rouges pendant la guerre civile. Il était connu pour sa brutalité.

major de notre chef Makhno. À l'état-major, il passait pour un nigaud, et il n'hésitait jamais à marcher sur les mains aux moments les plus mal choisis. Il m'était arrivé plus d'une fois de le surprendre devant la glace. Une jambe tendue sortant de son pantalon troué, il s'adressait des clins d'œil complices, se tapait sur son bedon de petit garçon, chantait des chansons militaires et grimaçait avec des mines triomphantes qui le faisaient lui-même se tordre de rire. Chez ce garçon, l'imagination travaillait avec une vivacité extraordinaire. Aujourd'hui je le trouvai de nouveau occupé à une besogne particulière : il collait des bandes de papier doré sur un casque allemand.

— Tu en as épongé combien, hier, Roukhlia ? dit-il, tandis qu'il examinait, en plissant les yeux, son casque ornementé.

La fille restait silencieuse.

— Tu en as épongé six, poursuivait le garçon, mais il y a des bonnes femmes qui peuvent en éponger jusqu'à vingt. Les copains ont bourré, mais bourré une ménagère à Krapivnoyé, même qu'à la fin ils n'en pouvaient plus, les gars, seulement celle-là devait être plus grosse que toi...

— Va chercher de l'eau, dit la fille.

Kikine sortit dans la cour et rapporta un seau d'eau. Traînant ses pieds nus, il alla ensuite vers le miroir, s'enfonça le casque avec ses rubans de papier doré sur la tête, et contempla attentivement son reflet. L'image dans la glace l'absorba. Les doigts fourrés dans les narines, le garçonnet suivait avec avidité les transformations subies par la forme de son nez sous la pression exercée de l'intérieur.

— Je vais quitter mon boulot, dit-il en se tournant vers la Juive, n'en parle à personne, Roukhlia. Stetsenko me prend dans son escadron. Là-bas au moins on te donne un uniforme, on te respecte, et puis je me trouverai des camarades, des vrais soldats, pas comme ici, dans cette brigade à la noix... Hier, quand ils t'avaient attrapée et que je te tenais la tête, je dis à Matveï Vassilitch : alors quoi, Matveï Vassilitch, que je lui dis, voilà déjà le quatrième qui a eu son tour, et moi je fais que la tenir. Vous y êtes déjà passé deux fois, Matveï Vassilitch, mais comme je suis jeune et pas de votre unité, tout le monde peut me brimer... Toi-même, Roukhlia, tu as sûrement entendu ce qu'il m'a répondu : nous, qu'il dit, on veut pas du tout te brimer, Kikine, les plantons vont d'abord y passer tous, et après ce sera ton tour... Ils m'ont laissé avoir mon tour, ça c'est sûr... C'était quand ils te traînaient déjà dans le bois. Matveï Vassilitch me fait : vas-y, Kikine, si tu veux. Non, que je lui dis, non, Matveï Vassilitch, merci bien, je tiens pas à y aller après Vaska, pour m'en mordre les doigts toute la vie...

Kikine renifla avec colère et se tut. Il se coucha sur le plancher et fixa le lointain, pieds nus, long, affligé, le ventre nu, son casque étincelant sur ses cheveux filasse.

— Les gens, ils en racontent sur les types de chez Makhno, sur leur héroïsme, proféra-t-il d'un ton morose, mais si on reste avec eux un bout de temps, on s'aperçoit qu'ils ont chacun une pierre à la place du cœur...

La Juive leva de dessus le baquet son visage gonflé de sang, jeta au gamin un regard rapide et quitta la cuisine avec la démarche gauche d'un cavalier qui pose à terre ses jambes ankylosées après une longue étape. Resté seul, le garçon promena sur la cuisine un regard plein d'ennui, poussa un soupir, appuya ses paumes contre le plancher, jeta ses jambes en l'air et, sans bouger ses talons tendus, il se mit à marcher rapidement sur les mains.

Publié en 1924.

COUCHER DE SOLEIL*

Un jour, Liovka, le cadet des Krik, vit Tabl, la fille de Lioubka. Tabl veut dire colombe en yiddish. Il la vit et disparut de chez lui pendant trois jours et trois nuits. La poussière sur les pavés étrangers et les géraniums aux fenêtres étrangères lui réchauffaient le cœur. Au bout de trois jours, Liovka rentra à la maison et trouva son père dans le jardin de devant. Son père était en train de dîner. Assise à côté de son mari, Mme Gorobtchik jetait autour d'elle des regards meurtriers.

— Va-t'en, fils malappris, dit Papa Krik, en apercevant Liovka.

— Papa, répondit Liovka, prenez un diapason et accordez vos oreilles.

— De quoi il retourne ?

— Il y a une jeune fille, dit le fils. Elle a les cheveux blonds. Elle s'appelle Tabl. Tabl veut dire colombe en yiddish. Cette jeune fille m'a tapé dans l'œil.

* Babel a repris la matière de ce récit dans une pièce de théâtre intitulée également *Coucher de soleil*.

— C'est une souillon qui t'a tapé dans l'œil, dit Papa Krik, et sa mère est une maquerelle.

Lorsqu'il eut entendu les paroles paternelles, Liovka retroussa ses manches et leva sur son père une main sacrilège. Mais Mme Gorobtchik bondit de sa place et s'interposa.

— Mendel, glapit-elle, démolis le portrait à Liovka ! Il m'a bouffé onze boulettes de viande...

— Tu as bouffé onze boulettes à ta mère, s'écria Mendel en marchant sur son fils, mais ce dernier lui échappa et s'enfuit hors de la cour, tandis que son frère aîné, Bentchik, lui emboîtait le pas.

Ils déambulèrent dans les rues jusqu'à la nuit, suffoquant comme le levain qui fera lever la vengeance, et à la fin Liovka dit à son frère Bénia, dont le destin était de devenir, quelques mois plus tard, Bénia le Roi :

— Bentchik, chargeons-nous-en et les gens viendront nous baiser les pieds. Tuons Papa que la Moldavanka n'appelle plus Mendel Krik. C'est Mendel Pogrom qu'on l'appelle dans la Moldavanka. Tuons Papa, car comment pourrions-nous attendre davantage ?

— Le temps n'est pas encore arrivé, mais il approche, répondit Bentchik. Écoute le bruit de ses pas et ne reste pas en travers de son chemin. Range-toi sur le côté, Liovka.

Et Liovka s'écarta pour laisser passer le temps. Il s'était déjà mis en route, le temps, ce vieux caissier, et chemin faisant, il rencontra Dvoïra, la sœur du Roi, le cocher Manassé, et Maroussia Evtouchenko, une jeune fille russe.

Il y a dix ans encore, j'ai connu des gens qui voulaient avoir Dvoïra, la fille de Mendel Pogrom, mais maintenant Dvoïra a un goitre qui ballotte sous son menton et des yeux qui lui sortent des orbites. Personne ne veut plus de Dvoïra. Or voilà que tout récemment il avait été question d'un veuf plus très jeune, avec des filles déjà adultes. Il avait besoin d'un camion et d'une paire de chevaux. Lorsqu'elle eut vent de la chose, Dvoïra lava sa robe verte et la suspendit dans la cour. Elle comptait aller voir ce veuf pour savoir à quel point il était vieux, quel genre de chevaux il lui fallait et si elle pourrait l'avoir. Mais Papa Krik ne voulait pas de veuf. Il prit la robe verte, la cacha dans sa charrette et partit travailler. Dvoïra fit chauffer le fer pour repasser sa robe, mais elle ne put la trouver. Alors elle tomba par terre et piqua une crise. Ses frères la traînèrent jusqu'au robinet et l'arrosèrent d'eau. Bonnes gens, reconnaissez-vous la main de leur père, surnommé Pogrom ?

Venons-en à Manassé, le vieux cocher qui conduit Demoiselle et Salomon le Sage. Pour son malheur, il avait su que le vieux Boutsisse, Froïm Gratch et Chaïm Drong avaient fait doubler de caoutchouc les fers de leurs chevaux. Suivant leur exemple, Manassé se rendit chez Piatiroubel et fit mettre du caoutchouc sous les sabots de Salomon le Sage. Manassé aimait Salomon le Sage, mais Papa Krik lui dit :

— Je ne suis pas Chaïm Drong et pas Nicolas II non plus, pour que mes chevaux travaillent sur du caoutchouc.

Et il attrapa Manassé par le col, le souleva jusqu'à lui dans la charrette et sortit de la cour. Manassé restait suspendu à son bras tendu comme à une potence. Le couchant mijotait dans le ciel, un couchant épais comme de la confiture, les cloches gémissaient à l'église de Saint-Alexis, le soleil descendait derrière Blijniyé Melnitsy, et Liovka, le fils du patron, marchait derrière la charrette comme un chien derrière son maître.

Une foule innombrable courait derrière les Krik, comme s'il s'agissait d'une ambulance, et Manassé restait inlassablement suspendu à cette main de fer.

— Papa, dit alors Liovka à son père, vous me broyez le cœur dans votre main tendue. Lâchez-le et qu'il roule dans la poussière !

Mais Mendel Krik ne se retourna même pas. Les chevaux galopaient, les roues grondaient et les gens s'amusaient comme au cirque. La charrette tourna dans la rue Dalnitskaya et se dirigea vers la forge d'Ivan Piatiroubel. Au passage, Mendel frotta le cocher Manassé contre le mur de l'entrée et le jeta ensuite sur un tas de ferraille. Liovka courut alors chercher un seau d'eau et le renversa sur le vieux cocher. À présent, bonnes gens, reconnaissez-vous l'œuvre de Mendel, le père des Krik, surnommé Pogrom ?

— Le temps approche, dit un jour Bentchik, et son frère Liovka s'écarta pour ne pas rester en travers du chemin. Il se tenait encore à l'écart lorsque Maroussia Evtouchenko tomba enceinte.

— Maroussia est tombée enceinte, se mirent à chuchoter les gens, et Papa Krik riait en les écoutant.

— Maroussia est tombée enceinte, disait-il en riant comme un enfant, malheur à tout le peuple d'Israël, qui est cette Maroussia ?

Juste à ce moment, Bentchik sortit de l'écurie et posa une main sur l'épaule de son père.

— J'ai un faible pour les femmes, dit Bentchik sévèrement, et il remit vingt roubles à son papa, parce qu'il voulait que le curetage soit fait par un médecin dans une clinique, et non par Maroussia, à son domicile.

— Je lui donnerai cet argent, répondit le papa, et elle se fera faire un curetage, sinon que la joie me fuie pour toujours !

Et le lendemain matin, à l'heure habituelle, il attela Cambrioleur et Douce Moitié, et s'en alla. Mais au déjeuner, Maroussia Evtouchenko se présenta chez les Krik.

— Bentchik, dit-elle, je t'aimais bien, maudit sois-tu !

Et elle lui jeta dix roubles à la figure. Deux billets de cinq, cela n'a jamais fait plus de dix.

— Tuons papa, dit alors Bentchik à son frère Liovka, et

ils s'assirent sur un petit banc, près du portail, et à côté d'eux vint s'asseoir Sémione, le fils du concierge Anissime, qui avait sept ans.

Mais qui eût dit qu'un petit rien du tout de sept ans était capable d'aimer et qu'il était capable de haïr ? Qui pouvait savoir que ce petit rien du tout aimait Mendel Pogrom ? Or il l'aimait.

Les deux frères étaient assis sur le banc et calculaient quel âge leur père pouvait bien avoir et de combien il avait dépassé la soixantaine, et Sémione, le fils du concierge Anissime, était assis à côté d'eux.

À cette heure-là, le soleil n'avait pas encore atteint Blijniyé Melnitsy. Il coulait dans les nuages comme le sang d'un sanglier éventré, et les camions du vieux Boutsisse, revenant du travail, roulaient avec fracas dans les rues. Les vachères trayaient déjà les vaches pour la troisième fois et les employées de Mme Parabellum lui traînaient sur le perron des seaux pleins de lait du soir. Debout sur le perron, Mme Parabellum frappait dans ses mains.

— Allez, les filles, criait-elle, les miennes et les autres, Bertha Ivanovna, celles qui font les glaces et celles du *kéfir* ! Venez chercher votre lait du soir.

Bertha Ivanovna, un professeur d'allemand, à qui on donnait deux quarts de lait par leçon, reçut sa portion la première. Ensuite Dvoïra Krik s'approcha pour voir combien Mme Parabellum avait ajouté d'eau dans son lait et combien elle y avait versé de bicarbonate.

Mais Bentchik emmena sa sœur à l'écart.

— Ce soir, dit-il, quand tu verras que le vieux nous a tués, approche-toi de lui et fracasse-lui la tête avec la passoire. Et que ce soit la fin de la firme Mendel Krik et fils.

— *Amen* et bonne chance, répondit Dvoïra et elle franchit le portail.

Elle vit que Sémione, le fils d'Anissime, n'était plus dans

la cour et que toute la Moldavanka venait en visite chez les Krik.

La Moldavanka arrivait en hordes, comme s'il y avait un jeu de ballon dans la cour des Krik. Les habitants accouraient comme on se précipite au champ de foire, le deuxième jour de la Pâque. Le maréchal-ferrant Ivan Piatiroubel était accompagné de sa bru enceinte et de ses petits-enfants. Le vieux Boutsisse avait amené sa nièce tout juste arrivée de Kaménetz-Podolsk pour prendre des bains de boue. Tabl était venue avec un Russe. Elle s'appuyait à son bras et jouait avec le ruban de sa tresse. En dernier, Lioubka arriva au grand galop sur un cheval grivelé. Et il n'y eut que Froïm Gratch qui vînt complètement seul, roux comme la rouille, borgne, et vêtu d'un manteau de grosse toile.

Les gens s'installèrent dans le jardin de devant et sortirent leur casse-croûte. Les ouvriers se déchaussèrent, envoyèrent les enfants chercher de la bière et posèrent leur tête sur le ventre de leur femme. Liovka dit alors à son frère Bentchik :

— Mendel Pogrom est notre père et Mme Gorobtchik est notre mère, et les gens sont des chiens, Bentchik. Nous travaillons pour des chiens.

— Il faut réfléchir, répondit Bentchik, mais à peine eut-il le temps de prononcer ces mots, qu'un coup de tonnerre retentit dans la rue Golovkovskaya. Le soleil s'élança dans les airs et se mit à tournoyer comme une tasse rouge sur la pointe d'un javelot. La charrette du vieux fonçait vers le portail. Douce Moitié était couverte d'écume, Cambrioleur arrachait son harnais. Le vieux brandissait son fouet au-dessus des chevaux furieux. Ses jambes écartées étaient énormes, une sueur cramoisie bouillonnait sur son visage et il chantait d'une voix avinée. C'est alors que Sémione, le fils d'Anissime, se glissa comme un serpent entre les jambes de quelqu'un, bondit dans la rue et cria de toutes ses forces :

— Faites demi-tour avec votre camion, m'sieu Krik, il y a vos fils qui veulent vous rosser…

Trop tard. Papa Krik fit irruption dans la cour sur ses chevaux écumants. Il leva son fouet, ouvrit la bouche et… resta coi. Les gens installés dans le jardin le regardaient, les yeux écarquillés. Bentchik tenait le flanc gauche près du pigeonnier, Liovka occupait le flanc droit près de la loge du concierge.

— Bonnes gens et patrons, dit Mendel Krik d'une voix presque inaudible, en abaissant son fouet. Regardez mon propre sang qui lève la main sur moi.

Sautant à bas de sa charrette, le vieux se précipita sur Bénia et lui assena un coup de poing à la racine du nez. Liovka vint alors à la rescousse et fit ce qu'il put. Il laboura le visage de son père comme on bat un jeu de cartes neuf. Mais le vieux était taillé dans un cuir coriace comme celui du diable, et cousu avec des points de fonte. Le vieux tordit les bras de Liovka et le jeta par terre à côté de son frère. Il s'assit sur la poitrine de Liovka et les femmes fermèrent les yeux pour ne pas voir les dents enfoncées du vieux et son visage inondé de sang. C'est alors que les habitants de l'indescriptible Moldavanka entendirent les pas rapides et la voix de Dvoïra.

— Pour Liovka, pour Bentchik, pour moi, Dvoïra, et pour tout le monde, dit-elle et elle abattit la passoire sur la tête de son père. Les gens bondirent sur leurs pieds et coururent vers lui en gesticulant. Ils traînèrent le vieux vers la bouche d'eau, comme on y avait traîné Dvoïra naguère, et ils ouvrirent le robinet. Le sang coulait dans la rigole comme l'eau, et l'eau coulait comme le sang. Mme Gorobtchik se fraya un chemin, de biais, à travers la foule, et s'approcha en sautillant comme un moineau.

— Reste pas sans rien dire, Mendel, murmura-t-elle, crie quelque chose, Mendel…

Mais sentant le silence dans la cour et voyant que, le vieux revenu du travail, les chevaux n'avaient pas été dételés et que personne ne versait de l'eau sur les roues surchauffées, elle se sauva précipitamment et se mit à clopiner en tous sens comme un chien à trois pattes. Les honorables patrons se rapprochèrent alors un peu plus. Papa Krik était allongé, la barbe en l'air.

— *Kaputt !* dit Froïm Gratch en se détournant.

— Rideau ! dit Chaïm Drong, mais le maréchal-ferrant Ivan Piatiroubel lui agita son index sous le nez.

— Trois contre un, dit Piatiroubel, une honte pour toute la Moldavanka ; mais la nuit n'est pas encore venue. Je n'ai pas encore vu le gars qui viendra à bout du vieux Krik…

— C'est déjà la nuit, interrompit Arié Leïb, sorti on ne sait d'où, c'est la nuit, Ivan Piatiroubel. Ne dis pas « non », quand la vie te crie « oui ».

Assis près du papa, Arié Leïb lui essuya les lèvres avec un mouchoir, l'embrassa sur le front et lui parla du roi David, roi des Hébreux, qui avait beaucoup de femmes, beaucoup de terres et de trésors, et qui savait pleurer quand il fallait.

— Pleurniche pas, Arié Leïb, lui cria Chaïm Drong en le poussant dans le dos, ne nous récite pas l'office des morts, tu n'es pas chez toi, au cimetière !

Se tournant vers Papa Krik, Chaïm Drong lui dit :

— Lève-toi, vieux charretier, rince-toi le gosier, lâche-nous une bordée d'injures, comme tu sais si bien le faire, vieux malotru, et prépare-moi une paire de charrettes pour demain matin, vu que j'ai des déchets à transporter…

Et tout le monde se mit à attendre ce que dirait Mendel au sujet des charrettes. Mais il resta longtemps silencieux, puis il ouvrit les yeux, desserra sa bouche couverte de saletés et de cheveux, et du sang suinta entre ses lèvres.

— Je n'ai pas de charrettes, dit Papa Krik, mes fils m'ont tué. Que mes fils reprennent l'affaire !

Or il n'y avait pas lieu d'envier ceux qui reprenaient le triste héritage de Mendel Krik. Pas la peine de les envier, parce que toutes les mangeoires de l'écurie étaient pourries depuis longtemps, sur la moitié des roues les bandages avaient besoin d'être refaits. L'enseigne au-dessus du portail était complètement délabrée, à ne plus pouvoir y déchiffrer un seul mot, et les cochers n'avaient plus de linge à se mettre. La moitié de la ville devait de l'argent à Mendel Krik, mais les chevaux, en tirant l'avoine de leur mangeoire, léchaient, en même temps que l'avoine, les chiffres écrits à la craie sur le mur. Des journées entières, les héritiers ahuris voyaient venir des paysans qui réclamaient le paiement de leur paille hachée et de leur orge. À longueur de journée, des femmes venaient retirer les bagues d'or et les samovars nickelés qu'elles avaient mis en gage. La paix avait fui la maison des Krik, mais Bénia, qui était destiné à devenir quelques mois plus tard Bénia le Roi, ne se laissa pas abattre et commanda une nouvelle enseigne : *Entreprise de transports, Mendel Krik et fils.* Ces mots devaient figurer en lettres d'or sur un fond bleu ciel dans une guirlande de fers à cheval façon bronze. Il acheta aussi une pièce de coutil rayé pour faire des sous-vêtements aux cochers et du bois d'une qualité inouïe, pour réparer les voitures. Il embaucha Piatiroubel pour une semaine entière et délivra des quittances à tous les clients. Et au soir du jour suivant, sachez-le, bonnes gens, il était plus harassé que s'il avait fait quinze fois l'aller-retour entre le port d'Odessa-Arbouznaya et le port de marchandises. Et le soir venu, sachez-le, bonnes gens, il ne trouva à la maison pas une miette de pain et pas une assiette propre. Que votre esprit se représente maintenant la cruauté acharnée de Mme Gorobtchik. Des balayures traînaient dans les chambres, une galantine de veau délicieuse avait été jetée aux chiens. Et Mme Gorobtchik ne quittait pas la banquette du poêle où son mari était couché, perchée là comme, sur une branche automnale, une corneille arrosée d'eau de vaisselle.

— Garde-les à l'œil, dit alors Bentchik à son frère cadet, tiens-les sous le microscope, ce couple de jeunes mariés, parce que j'ai idée, Liovka, qu'ils nous complotent quelque chose.

C'est ce que dit à Liovka son frère Bentchik, capable de lire dans les pensées des autres, car il avait le regard pénétrant de Bénia le Roi, mais Liovka, le jeunot, ne le crut pas et alla se coucher. Son papa ronflait déjà sur ses planches et Mme Gorobtchik n'arrêtait pas de se tourner et se retourner. Elle se raclait la gorge et crachait sur les murs et le plancher. Son mauvais caractère l'empêchait de dormir. Pour finir, elle s'assoupit aussi. Les étoiles étaient éparpillées devant la fenêtre comme des soldats au repos, étoiles vertes sur un fond noir.

De l'autre côté de la rue, chez Petka Ovsianitsa, un gramophone se mit à jouer des chansons juives, puis il se tut aussi. La nuit vaquait tranquillement à ses affaires et un air savoureux coulait par la fenêtre de Liovka, le cadet des Krik. Il aimait l'air, Liovka, il restait couché, respirait, somnolait et se délectait de cet air délicieux. Il se sentait d'excellente humeur, et cela dura jusqu'au moment où il entendit des bruissements et des grincements du côté du lit de son père. Alors le gars ferma les yeux et mit ses oreilles en position. Papa Krik leva la tête, comme une souris qui flaire, et descendit de la banquette. Le vieux tira un petit sac avec de l'argent de dessous l'oreiller et jeta ses bottes en travers de l'épaule. Liovka le laissa partir, car où aurait-il bien pu aller, le vieux chien. Puis il sortit derrière son père et vit, de l'autre côté de la cour, Bentchik qui se faufilait en rasant le mur. Le vieux se glissa sans bruit jusqu'aux camions, fourra sa tête dans l'écurie et siffla les chevaux qui s'approchèrent pour frotter leur nez contre la tête de Mendel. Dans la cour régnait une nuit remplie d'étoiles, d'air bleu et de silence.

— Chut, souffla Liovka en portant un doigt à ses lèvres, et Bentchik qui venait de l'autre côté de la cour posa aussi un doigt sur ses lèvres.

Le papa sifflait pour appeler les chevaux, comme s'ils étaient des petits enfants, puis il se mit à courir entre les camions et pissa sous le portail.

— Anissime, dit-il à voix basse, en frappant à la fenêtre du concierge, Anissime, mon ami, ouvre-moi le portail.

Anissime sortit de sa loge, hirsute comme le foin.

— Mon vieux patron, dit-il, je vous en prie du fond du cœur, ne vous couvrez pas de honte devant moi qui ne suis qu'un pauvre homme. Allez vous reposer, patron...

— Tu vas m'ouvrir le portail, murmura le papa encore plus bas, j'en suis sûr, Anissime, mon ami...

— Retourne chez toi, Anissime, dit alors Bentchik.

Il s'avança vers la loge du concierge et posa sa main sur l'épaule de son père. Anissime vit juste en face de lui le visage de Mendel Pogrom blanc comme du papier et tourna la tête pour ne pas voir son patron avec un visage pareil.

— Ne me frappe pas, Bentchik, dit le vieux Krik en reculant, quand finiront-ils, les tourments que ton père endure ?...

— Oh, père ignoble, répondit Bénia, comment avez-vous pu dire ce que vous avez dit ?

— J'ai pu, s'écria Mendel, en se frappant la tête avec son poing. J'ai pu, Bentchik, cria-t-il de toutes ses forces, et il se mit à osciller comme un épileptique. Regarde autour de moi cette cour où j'ai passé la moitié de ma vie d'homme. Elle m'a vu, cette cour, père de mes enfants, mari de ma femme et propriétaire de mes chevaux. Elle a vu ma gloire, mes vingt étalons et mes douze camions ferrés. Elle a vu mes jambes, solides comme des piliers, et mes mains, mes mains cruelles. Mais maintenant, mes chers fils, ouvrez-moi le portail et laissez-moi faire ce que je veux, que je puisse m'en aller de cette cour qui en a trop vu...

— Papa, répondit Bénia sans lever les yeux, retournez auprès de votre épouse.

Mais ce n'était pas la peine de retourner auprès de Mme Gorobtchik, car elle accourait en personne sous le portail et se roulait par terre, en gigotant de ses vieilles jambes jaunes.

— Aïe, criait-elle, en se roulant par terre, Mendel Pogrom et mes fils, mes bâtards... Qu'avez-vous fait de moi, mes bâtards, qu'avez-vous fait de mes cheveux, de mon corps, où sont-elles, mes dents, où est ma jeunesse ?...

La vieille glapissait, cherchait à arracher sa chemise de nuit de ses épaules et, s'étant relevée, se mit à tourner sur place comme un chien qui veut se mordre la queue. Elle griffait ses fils au visage, les embrassait et leur labourait les joues.

— Vieux voleur ! pleurait Mme Gorobtchik, pendant qu'elle gambadait autour de son mari, en lui tirant et tordant les moustaches. Vieux voleur, mon vieux Mendel !...

Ses cris avaient réveillé tous les voisins ; les habitants de la cour se rassemblèrent sous le porche et des enfants au ventre nu se mirent à souffler dans des mirlitons. La Moldavanka accourait au scandale. Bénia Krik, dont les cheveux avaient blanchi de honte sous les yeux des gens, eut bien du mal à faire rentrer ses tourtereaux dans la maison. Il dispersa les gens à coups de bâton, les fit reculer jusqu'au portail, mais Liovka, son cadet, le saisit par le col et se mit à le secouer comme un prunier.

— Bentchik, dit-il, nous faisons souffrir le vieux... J'en ai les larmes aux yeux, Bentchik...

— Tu as les larmes aux yeux, répondit Bentchik et, rassemblant sa salive dans sa bouche, il cracha à la figure de Liovka. Oh, ignoble frère, murmura-t-il, frère lâche, laisse-moi les mains libres et ne viens pas te fourrer dans mes jambes.

Alors Liovka lui laissa les mains libres. Le garçon dormit à l'écurie jusqu'à l'aube, puis s'éclipsa de chez lui. La poussière sur les pavés étrangers et les géraniums aux fenêtres étrangères lui réchauffaient le cœur. Le jeune homme arpenta les chemins de la douleur, disparut pendant deux jours et lorsqu'il revint, le troisième jour, il aperçut une enseigne bleue qui flamboyait au-dessus de la maison des Krik. L'enseigne bleue frappa Liovka au cœur, des nappes de velours lui firent tomber les yeux à la renverse. Ces nappes de velours étaient étalées sur des tables et une foule d'invités riait aux éclats dans le jardin, devant la maison. Dvoïra, en coiffe blanche, allait et venait au milieu des invités, des femmes empesées resplendissaient dans l'herbe comme des théières émaillées et des ouvriers dégingandés qui avaient déjà trouvé moyen de tomber la veste, attrapant Liovka par le bras, le poussèrent à l'intérieur de la maison. Mendel Krik, le plus âgé des Krik, s'y trouvait déjà, le visage tout balafré. Ascher Boïarski, propriétaire de la firme « Chef-d'œuvre », le tailleur bossu Efime et Bénia Krik s'affairaient autour du papa défiguré.

— Efime, disait Ascher Boïarski à son tailleur, ayez l'obligeance de vous baisser un peu plus et de prendre les mesures de mossieu Krik pour un petit complet fantaisie, qualité « de luxe », comme si c'était pour vous, et prenez la liberté de demander un petit renseignement à mossieu sur ce qu'il envisage comme tissu et façon : drap de marine anglais avec veston croisé, drap militaire anglais avec veston droit, Lodz demi-saison ou serge de Moscou...

— Quel costume souhaitez-vous vous commander ?

demanda Bentchik à Papa Krik. Confiez-le à mossieu Boïarski.

— Commande donc pour ton père un complet assorti aux sentiments que tu as pour lui, répondit Papa Krik en essuyant une larme.

— Du moment que Papa n'est pas de la marine, interrompit Bénia, ce qui lui conviendra le mieux c'est le drap militaire. Faites-lui, pour commencer, un complet pour tous les jours.

Mossieu Boïarski se pencha en avant et tendit l'oreille :

— Précisez votre pensée, dit-il.

— Ma pensée, répondit Bénia, c'est que voici un Juif qui a traversé la vie en loques, pieds nus et couvert de boue comme un déporté de l'île de Sakhaline... Et maintenant que, grâce à Dieu, il entre dans son vieil âge, il faut mettre fin à ce bagne à perpétuité, il faut faire en sorte que le Sabbat soit vraiment le Sabbat.

Daté 1924-1925.

LE VAPEUR « IVAN-DA-MARIA »

Sergueï Vassiliévitch Malychev, qui devint par la suite président du comité de la foire de Nijni-Novgorod, organisa pendant l'été de 1918 la première expédition de ravitaillement qui ait eu lieu dans notre pays. Avec l'approbation de Lénine, il chargea plusieurs trains d'articles d'usage courant dans les campagnes, et les achemina vers la région de la Volga pour les troquer là-bas contre du blé.

J'ai participé à cette expédition en qualité d'employé aux écritures. Nous avions choisi comme théâtre d'opérations le district de Novo-Nikolaïevsk dans la province de Samara. D'après les calculs des savants, ce district, correctement exploité, peut nourrir toute la région de Moscou.

Non loin de Saratov, à la gare fluviale d'Ouvek, les marchandises furent transbordées sur une péniche. La cale de cette péniche se changea en grand magasin improvisé. Entre les membrures incurvées de cet entrepôt flottant, nous avions cloué des portraits de Lénine et de Marx, que nous avions entourés d'épis de blé, et nous avions disposé sur des planches des coupons de cotonnades, des faux, des clous, du cuir, sans oublier accordéons et balalaïkas.

C'est à Ouvek aussi qu'on nous donna un remorqueur, le *Ivan-Toupitsyne*, du nom de son ancien propriétaire, un marchand de la Volga. L'« état-major », c'est-à-dire Malychev avec ses adjoints et les caissiers, s'installa sur le bateau à vapeur. Les gardiens et les commis se casèrent dans la péniche, sous des montants.

Le transbordement prit une semaine. Un matin de juillet, le *Toupitsyne*, vomissant d'épais nuages de fumée, nous remorqua en amont de la Volga, vers Baronsk. Les Allemands appelaient cette ville Katarinenstadt. C'est maintenant la capitale de la région des Allemands de la Volga, une contrée magnifique, peuplée d'hommes courageux et avares de paroles.

La steppe, près de Baronsk, est couverte d'un lourd manteau de blés dorés, tel qu'on en voit seulement au Canada. Elle est ensevelie sous les couronnes des tournesols et les grasses mottes de tchernoziom. De Saint-Pétersbourg léché par un feu de granit, nous étions transportés dans une Californie russe et, de ce fait, encore plus extraordinaire. Une livre de pain coûtait soixante kopecks dans notre Californie, et non dix roubles comme dans le Nord. Nous nous jetâmes sur une miche avec une frénésie dont on ne peut plus maintenant donner une idée ; nos dents de chien, aiguisées par la faim, s'enfonçaient dans une mie fine comme une toile d'araignée. Après notre arrivée, nous fûmes, pendant quelque deux semaines, en proie à l'ivresse d'une bienheureuse indigestion. Le sang neuf qui s'était mis à couler dans nos veines me semblait avoir le goût et la couleur de la confiture de framboises...

Malychev avait calculé juste ; notre commerce allait bon train. De tous les coins de la steppe, des flots lents de charrettes s'étiraient vers la rive. Le soleil glissait sur les échines des chevaux bien nourris. Il resplendissait sur le sommet des collines de froment. Les charrettes, comme des milliers de petits points, descendaient vers la Volga. À côté des chevaux cheminaient des géants en chandails de laine, descendants des fermiers hollandais qu'on avait fait émigrer sous Catherine II dans ces régions riveraines de la Volga. Leurs visages étaient restés les mêmes qu'à Saardam et Haarlem. Des gouttes de turquoise ternie brillaient sous la mousse patriarcale des sourcils, dans un réseau de rides boucanées. La fumée des pipes se dissipait dans les éclairs bleus étendus au-dessus de la steppe. Les colons gravissaient l'échelle pour monter dans la péniche ; leurs sabots de bois claquaient comme des cloches de solidité et de paix. Des vieilles femmes en coiffes amidonnées et pèlerines brunes choisissaient la marchandise. Les achats étaient emportés jusqu'aux calèches. Le long de ces voitures, des peintres frustes avaient éparpillé des brassées de fleurs des champs et des mufles roses de taureaux. L'extérieur des calèches était habituellement badigeonné d'un bleu profond où luisaient, touchées par un rayon de soleil, des pommes et des prunes cireuses.

Des endroits reculés, on venait à dos de chameau. Les bêtes se couchaient sur la rive, dessinant sur l'horizon leurs bosses croulantes. Vers le soir, notre commerce s'arrêtait. On fermait boutique ; les invalides de guerre, qui servaient de gardiens, et les commis se déshabillaient et sautaient des bords de la péniche dans la Volga incendiée par le soleil couchant. Dans la steppe lointaine, les blés ondulaient par grandes vagues rouges, les murailles du couchant s'écroulaient dans le ciel. La baignade des « collaborateurs de l'expédition de ravitaillement dans la province de Samara » (c'est ainsi qu'on nous désignait dans les papiers officiels) constituait un spectacle singulier. Les mutilés faisaient jaillir du fleuve des jets d'eau rose et vaseuse. Certains gardiens avaient une jambe en moins, à d'autres il manquait un bras ou un œil. Ils se cramponnaient à deux pour nager. Parfois deux hommes n'avaient ensemble que deux jambes, ils brassaient l'eau avec leurs moignons et des tourbillons boueux se creusaient en entonnoir entre leurs corps. Grognant et s'ébrouant, les mutilés s'affalaient sur la berge ; d'humeur folâtre, ils brandissaient leurs moignons vers les cieux mouvants, s'arrosaient de sable et luttaient en se pétrissant l'un l'autre avec leurs membres amputés. Après le bain, nous allions dîner à l'auberge de Karl Biedermayer. Ce dîner couronnait nos journées. Deux filles aux bras rouge brique, Augusta et Anna, nous servaient des côtelettes, des pavés roux nageant dans des flots de beurre bouillant et ensevelis sous des meules de pommes de terre frites. Pour relever cette nourriture rustique et monumentale, on y mettait de l'oignon et de l'ail. On posait devant nous des pots de cornichons au vinaigre. Par les lucarnes rondes, percées très haut, près du plafond, les vapeurs du soleil couchant arrivaient de la place du marché. Les cornichons fumaient dans ces vapeurs cramoisies et leur odeur rappelait le bord de la mer. Nous faisions descendre la viande en buvant du cidre. Habitants de Peski et d'Okhta, citoyens des faubourgs givrés d'urine jaune, tous les soirs nous nous sentions à nouveau des conquérants. Les petites fenêtres découpées dans les murs noircis par les siècles ressemblaient à des hublots. Elles laissaient apparaître une petite cour d'une propreté divine, une courette allemande avec des rosiers et des glycines, et le gouffre violet de l'écurie ouverte. Sur le pas des portes, des vieilles femmes en pèlerines tricotaient des bas pour Gulliver. Les troupeaux revenaient des pâturages. Augusta et Anna s'asseyaient sur des escabeaux près des vaches. Les yeux irisés des bêtes scintillaient dans le crépuscule. On aurait cru qu'il n'y avait pas de guerre, qu'il n'y en avait jamais eu dans le monde. Et pourtant le front des Cosaques de l'Oural passait à vingt verstes de Baronsk. Karl Biedermayer ne se doutait pas que la guerre civile approchait de sa maison.

La nuit je retournais dans notre cale avec Séletski, qui était employé aux écritures comme moi. Chemin faisant, il se mettait à chanter. Des têtes coiffées de bonnets de nuit se penchaient par les fenêtres ogivales. Le clair de lune coulait le long des canaux de tuiles rouges. Des aboiements étouffés montaient au-dessus de la Saardam russe. Pétrifiées, les Augusta et les Anna écoutaient Séletski chanter. Sa voix de basse nous emportait jusqu'à la steppe, jusqu'à la clôture gothique des magasins de blé. Des poutres de lune tremblaient sur le fleuve, l'obscurité était légère et reculait vers le sable de la rive. Des vers luisants se tortillaient dans une senne déchirée.

La voix de Séletski était d'une force peu commune. Ce jeune colosse faisait partie de ces Chaliapine provinciaux qui, heureusement pour nous, sont disséminés en très grand nombre sur toute la Terre Russe. Il avait le même genre de figure que Chaliapine, un visage qui tenait du cocher écossais et du haut dignitaire du temps de Catherine II. Contrairement à son divin prototype, il était un peu simplet, mais quand sa voix se déployait, infinie et fatale, elle remplissait l'âme du plaisir que procurent l'anéantissement de soi et l'extase tsigane. Aux airs italiens il préférait les chansons de forçats. C'est chantée par Séletski que j'ai entendu pour la première fois *La Mort* de Gretchaninov. Menaçante, implacable, passionnée, sa voix s'élançait, la nuit, au-dessus de l'eau noire :

Elle n'oubliera pas, elle viendra, m'enlacera,
Me caressera, m'aimera pour toujours,
Et mettra sa lourde couronne de noces !...

Dans l'enveloppe éphémère qu'on appelle homme, le chant coule comme les eaux de l'éternité, effaçant tout et engendrant tout.

Le front passait à vingt verstes de là. Les Cosaques de l'Oural, après avoir effectué leur jonction avec le bataillon tchèque du major Vojénilik, tentaient de déloger de Nikolaïevsk des détachements rouges isolés. Plus au nord, venant de Samara, les troupes du Comité des Membres de l'Assemblée Constituante passaient à l'attaque. Dispersées et mal entraînées, nos unités s'étaient regroupées sur la rive gauche. Mouraviov venait de trahir, Vatsétis avait été nommé commandant en chef des armées soviétiques.

Les armes destinées au front étaient apportées de Saratov. Une fois, et souvent même deux fois par semaine, le vapeur rose et blanc *Ivan-da-Maria* s'amarrait à l'appontement de Baronsk. Il apportait des fusils et des obus. Le pont du bateau était couvert de caisses portant des têtes de mort marquées au pochoir avec, au-dessous, l'inscription « Danger de mort ».

Le bateau était commandé par Korostélev, un homme au visage émacié, avec des cheveux filasse qui pendaient. Korostélev était un vieux-croyant, une âme en désordre, un vagabond. Il avait sillonné la mer Blanche sur des voiliers, parcouru à pied la Russie, il avait été en prison et en pénitence dans un monastère.

En revenant de chez Biedermayer, nous passions toujours le voir quand nous trouvions au débarcadère les feux du *Ivan-da-Maria*. Une nuit, arrivés à la hauteur des greniers à blé, cette ligne enchantée de châteaux bleus et bruns, nous vîmes une torche qui flambait haut dans le ciel. Nous rentrions, Séletski et moi, l'âme remplie de l'attendrissement passionné que pouvaient faire naître en nous cette contrée extraordinaire, notre jeunesse, la nuit, les cercles de feu évanescents sur le fleuve.

La Volga coulait sans bruit. Il n'y avait pas de lumière sur le *Ivan-da-Maria*, la coque du bateau se détachait, sombre et comme morte ; seule une torche s'élançait très haut au-dessus de lui. La flamme se tordait au sommet du mât et fumait. Séletski chantait, son visage pâli renversé en arrière. Il s'approcha de l'eau et cessa de chanter. Nous montâmes sur les passerelles qui n'étaient pas gardées. Des caisses et des roues de canon traînaient sur le pont. Je poussai la porte de la cabine du capitaine, qui s'ouvrit. Une lampe de fer-blanc sans verre brûlait sur une table couverte de flaques. Le morceau de métal qui entourait la mèche fondait. Des planches gondolées barraient les fenêtres. Des bidons qui traînaient sous la table montait l'odeur sulfureuse de l'eau-de-vie clandestine. Vêtu d'une chemise de grosse toile, Korostélev était assis par terre, au milieu de vomissures vertes. Sa chevelure de moine aux mèches collées se hérissait autour de sa tête. Du plancher où il était assis, Korostélev regardait fixement Larson, son commissaire, un Letton. Ce dernier avait placé debout devant lui un morceau de carton jaune, un numéro de la *Pravda*, et il le lisait à la lumière du brasier de pétrole déliquescent.

— Voilà comment tu es, dit Korostélev, continue ce que tu disais… Torture-nous, si tu veux…

— À quoi ça sert que je parle, rétorqua Larson, en tournant le dos et en se barricadant derrière son carton, il vaut mieux que je t'écoute…

Sur un canapé de velours, un paysan roux était assis, jambes pendantes.

— Lisseï, lui dit Korostélev, de la vodka !

— Finie, répondit Lisseï, et impossible d'en trouver nulle part…

Larson recula le carton et s'esclaffa soudain, avec un rire pareil à un roulement de tambour.

— L'homme russe a besoin de boire un coup, dit le

Letton, avec son fort accent, l'homme russe sent la moutarde lui monter au nez, et pas moyen de trouver de la vodka... Alors pourquoi qu'elle s'appelle la Volga ?...

Korostélev allongea son cou maigre comme celui d'un enfant et écarta brusquement sur le plancher ses jambes en pantalon de toile. Une perplexité plaintive se peignit dans ses yeux, puis ils se mirent à briller.

— Torture-nous, dit-il si bas qu'on l'entendait à peine, en allongeant le cou, torture-nous, Karl...

Lisseï joignit ses mains potelées et regarda le Letton de côté :

— Voyez-vous ça, il dit du mal de la Volga !... Non, camarade, ne cherche pas de torts à notre Volga, ne la dénigre pas... Tu connais la chanson qu'on chante chez nous : *Volga, notre mère, reine des rivières...*

Nous étions toujours debout à la porte, Séletski et moi. Je songeais à battre en retraite.

— En aucune façon je n'arriverai à comprendre, dit Larson, s'adressant à nous et reprenant visiblement une vieille discussion, peut-être les camarades pourront-ils m'expliquer comment il se fait que le béton armé soit pire que les bouleaux et les trembles, et les dirigeables pires que le fumier de Kalouga ?...

Lisseï tourna dans tous les sens sa tête engoncée dans un col ouatiné. Ses pieds ne touchaient pas le plancher, ses doigts potelés, pressés sur son ventre, tressaient un filet invisible.

— Que sais-tu de Kalouga, mon ami, dit Lisseï d'un ton conciliant. Je te dirai qu'il existe des gens très bien à Kalouga, des gens admirables, si tu veux savoir...

— De la vodka, proféra Korostélev, toujours assis sur le plancher.

Larson renversa de nouveau sa tête porcine et s'esclaffa brutalement.

— Nous autres et vous autres, c'est pas pareil, grommela le Letton, en rapprochant de lui le carton, peut-être bien qu'on se débrouillera, pour sûr...

Une sueur violente jaillissait sur son front ; de grasses traînées de feu nageaient dans les croûtes de ses cheveux incolores.

— Peut-être bien, on se débrouillera, pour sûr, pouffa-t-il, nous autres et vous autres, c'est pas pareil...

Korostélev promena ses doigts autour de lui. Il se mit à ramper, les mains appuyées en avant, traînant après lui son squelette en chemise de toile.

— Je te défends de torturer la Russie, Karl, murmura-t-il, quand il se fut traîné jusqu'au Letton.

Il le frappa en pleine figure avec son poing serré et se mit à le cribler de coups en poussant des cris aigus.

L'autre se renfrogna et nous dévisagea tous par-dessus ses lunettes qui avaient glissé. Puis il enroula autour de ses doigts la rivière soyeuse des cheveux de Korostélev et lui écrasa la figure contre le plancher. Il lui souleva la tête et la laissa retomber encore une fois.

— Tu as vu ce que tu as reçu, dit Larson d'un ton sec en repoussant le corps décharné, et ce n'est pas fini...

Prenant appui sur ses mains, Korostélev se souleva à quatre pattes à la manière d'un chien. Du sang coulait de ses narines, ses yeux louchaient. Il les promena autour de lui, puis se leva d'un bond et se glissa en hurlant sous la table.

— La Russie, proféra-t-il sous la table en piquant une crise de nerfs, la Russie...

Ses plantes de pieds nues apparaissaient et disparaissaient. Dans ses cris aigus, on ne pouvait discerner qu'un seul mot prononcé d'une voix gémissante et sifflante.

— La Russie, hurlait-il en tendant les bras et en se cognant la tête.

Lisseï, le rouquin, était assis sur le canapé de velours.

— Ça dure depuis midi, dit-il, s'adressant à Séletski et à moi, ils n'arrêtent pas de se battre à propos de la Russie, de plaindre la Russie...

— De la vodka, dit Korostélev avec fermeté, de dessous la table.

Il sortit de là et se remit sur ses pieds. Ses cheveux mouillés de sang pendaient sur sa joue.

— Où y a-t-il de la vodka, Lisseï ?

— De la vodka, mon ami, il y en a à Voznessenskoïé, à quarante verstes d'ici, qu'on y aille par eau ou par terre, ça fait toujours quarante verstes... Il y a un temple là-bas maintenant, il doit forcément y avoir de la gnôle clandestine... Les Allemands, que veux-tu qu'on y fasse, ils n'en ont pas...

Korostélev fit demi-tour et sortit sur ses jambes raides de héron.

— Nous autres de Kalouga ! s'écria Larson inopinément.

— Il n'a pas de respect pour Kalouga, soupira Lisseï, rien à faire. Pourtant j'y ai été à Kalouga, il y a des gens épatants qui y vivent, des gens très bien...

Un commandement retentit dehors, puis le bruit de l'ancre qu'on hissait. Lisseï leva les sourcils.

— On va à Voznessenskoïé, ça m'a tout l'air !

Larson éclata de rire, en renversant sa tête en arrière. Je me précipitai hors de la cabine. Korostélev était debout sur la passerelle de commandement, les pieds nus. La lueur cuivrée de la lune baignait son visage balafré. La passerelle de débarquement tomba sur la berge. Les matelots tournaient en rond pour enrouler les câbles.

— Dmitri Alexéïévitch, lui cria Séletski d'en bas, laissez-nous descendre, qu'est-ce que nous on a à voir là-dedans ?

Un martèlement désordonné éclata dans les machines. La roue creusait l'eau. Une planche pourrie de l'appontement se fendit légèrement. La proue du *Ivan-da-Maria* se mit à tourner.

— En route, dit Lisseï sorti sur le pont, en route pour Voznessenskoïé chercher de la gnôle !

Redressant la roue du gouvernail, le *Ivan-da-Maria* prenait de la vitesse. Dans les machines s'enflait une bousculade huileuse, un bruissement, un sifflement, un ouragan. Nous volions dans l'obscurité sans dévier de la ligne droite, renversant les bouées, les balises et les fanaux rouges. L'eau qui écumait sous les roues s'envolait en arrière comme l'aile dorée d'un oiseau. La lune s'enfonça dans les remous noirs. « Le chenal de la Volga est sinueux, les bancs de sable y sont nombreux », je me rappelai cette phrase d'un manuel. Korostélev se dandinait d'un pied sur l'autre sur la passerelle. Sa peau bleue et luisante collait à ses pommettes.

— Pleine vitesse, dit-il dans le porte-voix.

— C'est fait, répondit une voix sourde invisible.

— Augmente encore.

En bas on se taisait.

— Je vais claquer la machine, répondit la voix après un silence.

La torche se décrocha du mât et glissa sur une vague tourbillonnante. Le bateau vacilla, le tremblement d'une explosion traversa la coque. Nous volions dans les ténèbres, sans jamais quitter la ligne droite. Sur la rive une fusée monta, on tira sur nous avec un canon de trois pouces. Un obus siffla dans les mâts. Un marmiton qui passait sur le pont en portant un samovar leva la tête. Le samovar lui échappa, roula le long de l'échelle, se fendit et un ruisseau brillant se répandit sur les marches sales. Le marmiton grimaça un sourire, s'affala contre l'échelle et s'endormit. De sa bouche jaillit l'odeur mortelle de l'eau-de-vie clandestine. En bas, au milieu des cylindres tachés de graisse, les chauffeurs, nus jusqu'à la ceinture, gueulaient, gesticulaient et s'écroulaient sur le plancher. Leurs visages décomposés se reflétaient dans la luminescence nacrée des arbres de machines. L'équipage du vapeur *Ivan-da-Maria* était ivre. Seul l'homme de barre manœuvrait d'une main ferme la roue du gouvernail. Il se retourna en me voyant.

— Youpin, me dit l'homme de barre, que vont devenir les enfants ?

— Quels enfants ?

— Les enfants n'étudient pas, dit l'homme de barre, en tournant sa roue, ils deviendront des voleurs.

Il avança vers moi ses pommettes bleues plombées et grinça des dents. Ses mâchoires crissaient comme des meules. On aurait dit que ses dents se broyaient et se réduisaient en sable.

— Je t'égorgerai avec mes dents...

Je m'écartai de lui à reculons. Lisseï passait sur le pont.

— Que va-t-il arriver, Lisseï ?

— Il doit nous mener à bon port, dit le paysan roux, puis il s'assit sur un petit banc pour se reposer.

Nous le fîmes descendre à Voznessenskoïé. Il n'y avait pas de « temple » là-bas, ni de lumières, ni de chevaux de bois. La rive en pente douce était obscure sous le couvercle d'un ciel bas. Lisseï disparut dans les ténèbres. Son absence dura plus d'une heure, il émergea tout au bord de l'eau, chargé de bidons. Une paysanne, marquée de petite vérole, bien bâtie comme un cheval, l'accompagnait. Une blouse d'enfant trop petite lui écrasait la poitrine. Une sorte de nain avec un bonnet pointu ouatiné et des petites bottes était là également, bouche bée, et nous regardait embarquer les bidons.

— De la crème, dit Lisseï en posant les bidons sur la table, la crème de la crème, cette gnôle...

Et la course de notre vaisseau fantôme recommença.

Nous arrivâmes à Baronsk au point du jour. Le fleuve s'étalait à perte de vue. L'eau qui s'écoulait de la rive laissait une ombre bleue satinée. Un rayon rose frappa le brouillard accroché aux touffes des buissons. Les murs aveugles et peints des greniers à blé, leurs fines flèches se tournèrent lentement et commencèrent à voguer vers nous. Nous approchions de Baronsk au milieu de chants tonitruants. Séletski s'était rincé le gosier avec une bouteille de la crème des gnôles et chantait à cœur joie. Il y avait là de tout, *La Puce* de Moussorgski, le rire de Méphistophélès et l'air du meunier fou : *Je ne suis pas un meunier, je suis un corbeau...*

Pieds nus, Korostélev était couché par-dessus la rambarde de la passerelle. Sa tête aux paupières closes ballottait, son visage balafré où flottait un vague sourire enfantin était renversé vers le ciel. Korostélev revint à lui quand nous ralentîmes l'allure.

— Aliocha, dit-il dans le porte-voix, pleine vitesse...

Et nous entrâmes dans le débarcadère à pleine vitesse. La planche que nous avions fendue au départ vola en éclats. On stoppa à temps les machines.

— Tu vois, il nous a bien ramenés, dit Lisseï qui se trouvait à côté de moi, et toi tu avais tout le temps peur, mon ami...

Les *tatchankas*[1] de Tchapaev[2] étaient déjà rangées sur la rive. Des bandes irisées faisaient une tache sombre et refroidissaient sur le bord, là où l'eau venait de se retirer. Des caissons d'artillerie traînaient près de l'embarcadère, abandonnés lors de précédents voyages.

Makéev, le chef d'un escadron de Tchapaev, était assis sur l'un des caissons, vêtu d'un haut bonnet caucasien et

1. Chariots légers équipés d'une mitrailleuse.
2. Tchapaev (1887-1919) : héros de la guerre civile.

d'une chemise sans ceinture. Korostélev alla vers lui, les bras grands ouverts.

— Kostia, j'ai de nouveau fait des bêtises, dit-il avec son sourire enfantin, j'ai gaspillé tout le carburant.

Makéev était assis de biais sur un caisson, les touffes de son bonnet de fourrure pendaient au-dessus des arcs jaunes et nus de ses sourcils. Un mauser à crosse non peinte était posé sur ses genoux. Il tira sans se retourner et manqua son coup.

— Eh bien, dis donc, balbutia Korostélev radieux, là tu es vraiment furieux… - Il écarta encore davantage ses bras maigres. — Eh bien, dis donc…

Makéev bondit, se retourna et déchargea toutes les cartouches de son mauser. Les détonations claquèrent précipitamment. Korostélev voulait encore dire quelque chose, mais il n'en eut pas le temps ; il poussa un soupir et tomba sur les genoux. Il s'affaissa vers les roues d'une *tatchanka*, son visage vola en éclats, des fragments de crâne laiteux restèrent collés aux jantes. Makéev se pencha et retira la dernière cartouche coincée dans le chargeur.

— Fini de rigoler, dit-il en jetant un regard circulaire sur les soldats de l'Armée Rouge et sur nous tous massés près de la passerelle.

Pliant les jambes, Lisseï trottina vers Korostélev, une housse dans les bras, et en recouvrit le corps, long comme un arbre abattu. Des coups de feu isolés éclataient de temps à autre sur le bateau. Courant sur le pont, les hommes de Tchapaev arrêtaient l'équipage. Une paume appuyée contre son visage grêlé, la paysanne regardait la rive en clignant des yeux aveugles.

— Qu'est-ce que t'as à regarder, lui dit Makéev, je t'apprendrai à brûler le carburant…

On faisait descendre à terre les matelots, un par un. Derrière les greniers à blé, ils rencontraient les Allemands qui s'étaient précipités hors de chez eux. Karl Biedermayer était debout au milieu de ses compatriotes. La guerre était arrivée au seuil de sa demeure.

Ce jour-là nous eûmes beaucoup de travail. Le gros village de Friedental vint chercher des marchandises. Une file de chameaux s'était couchée au bord de l'eau. Au loin, des moulins tournaient dans l'étain incolore de l'horizon.

Jusqu'au déjeuner, nous emmagasinâmes le grain de Friedental dans la péniche et, vers le soir, Malychev me convoqua. Il était en train de se laver sur le pont du *Toupitsyne*. Un invalide, avec une manche épinglée, lui versait de l'eau à l'aide d'une cruche. Malychev s'ébrouait, grognait, mettait ses joues sous le filet d'eau. Pendant qu'il s'essuyait avec une serviette, il dit à son aide, poursuivant sans doute une conversation engagée auparavant :

— Et c'est juste... Même que tu sois trois fois un type bien - tu es allé dans les monastères, tu as parcouru la mer Blanche et, en général, tu es un risque-tout -, mais le carburant, par pitié, ne le gaspille pas...

Je suivis Malychev dans la cabine. Là je m'entourai de bordereaux et me mis à écrire sous sa dictée un télégramme à Ilitch.

— Moscou. Le Kremlin. Lénine.

Dans ce télégramme, nous annoncions l'envoi aux prolétaires de Saint-Pétersbourg et de Moscou des premiers convois remplis de froment, deux trains contenant vingt mille *pouds*[1] de grain chacun.

Daté 1920-1928.

1. Le *poud* équivaut à 16,38 kg.

UNE FEMME ZÉLÉE

Trois hommes de Makhno[1], Gnilochkourov et deux autres, s'étaient mis d'accord avec une femme pour des services amoureux. Moyennant deux livres de sucre, elle avait accepté de les prendre tous les trois, mais au troisième, elle n'y tint plus et se mit à tourner sur elle-même dans la chambre. Elle se sauva dans la cour et là, elle tomba sur Makhno. Il la cingla d'un coup de cravache et lui fendit la lèvre supérieure. Gnilochkourov en prit aussi pour son compte.

Cela s'était produit le matin, vers neuf heures, ensuite la journée a passé dans le tintouin habituel, et maintenant c'est la nuit et il pleut, une pluie fine, chuchotante, inexorable. Elle susurre au-dehors, et devant moi une étoile solitaire est suspendue dans le cadre de la fenêtre. Kamenka disparaît dans l'obscurité ; le ghetto plein de vie est rempli de ténèbres vivantes où le remue-ménage des hommes de Makhno se poursuit inlassablement. Un cheval hennit

1. Voir note 1, p. 64.

d'une voix grêle comme une femme désolée ; à la sortie du village, des *tatchankas* grincent sans repos, et la canonnade qui s'apaise se couche sur la terre noire et mouillée.

Et seule, dans une rue éloignée, flamboie la fenêtre de l'ataman. Comme un phare triomphant, elle découpe la misère de la nuit automnale et tremblote, inondée de pluie. Là-bas, à l'état-major de Makhno, une fanfare joue en l'honneur d'Antonina Vassilievna, une infirmière qui passe sa première nuit chez l'ataman. Les cuivres profonds et mélancoliques claironnent de plus en plus fort, et les partisans rassemblés sous ma fenêtre écoutent les accents tonitruants des anciennes marches. Ils sont trois, assis sous ma fenêtre, Gnilochkourov et ses camarades, ensuite, Kikine, un petit Cosaque qui a le diable au corps, s'amène vers eux en faisant des cabrioles. Il lance ses jambes en l'air, se met debout sur les mains, chante, glapit et se calme avec peine, comme après une crise.

— Ovsianitsa, chuchote soudain Gnilochkourov, Ovsianitsa, dit-il avec tristesse, comment est-ce possible, puisqu'elle en a encore pris deux après moi, et absolument sans histoire… Et même, pendant que je remontais mon pantalon, elle me fait comme ça, vous n'êtes plus très jeune, merci pour votre compagnie, vous me plaisez bien… Je m'appelle Anélia, qu'elle dit, c'est mon prénom, Anélia… Voilà ce que je crois, Ovsianitsa, elle a dû manger une mauvaise herbe tôt le matin, et Petka s'est amené par là-dessus, pour notre malheur…

— Petka s'est amené par là-dessus, dit Kikine, le gamin de quinze ans, en s'asseyant et en allumant une cigarette. « Mon brave homme, dit-elle à Petka, soyez gentil, je n'en peux plus ! » Et la voilà qui saute en l'air et qui se met à tourner comme une toupie ; les gars ont écarté les bras pour l'empêcher de passer la porte, et elle leur en sortait de toutes les couleurs. - Kikine se leva, les yeux brillants, et éclata de rire. — Elle a couru, mais à la porte, il y avait Makhno... Stop, dit-il, vous êtes sûrement vérolée, je vais vous sabrer ici même, et il te la cingle avec son fouet ; et elle, on aurait cru qu'elle allait lui dire ce qu'elle avait sur le cœur.

— Faut dire, intervint alors la voix pensive et douce de Petka Orlov, interrompant Kikine, faut dire qu'il y a des gens rapiats, des rapiats sans pitié... Je lui avais dit, on est trois, Anélia, prends-toi une copine, partagez-vous le sucre, elle te donnera un coup de main... Non, dit-elle, je me fais confiance pour tenir le coup, j'ai trois enfants à nourrir, je ne suis tout de même pas une gamine...

— Une femme zélée, assura à Petka son camarade Gnilochkourov toujours assis sous ma fenêtre, une qui se donne vraiment du mal jusqu'au bout...

Et il se tut. J'entendis de nouveau le bruit de l'eau. Comme auparavant la pluie babille, chante et gémit sur les toits. Le vent la soulève et la rabat sur le côté. Le bourdonnement solennel des cuivres s'est éteint dans la cour de Makhno. Dans sa chambre, la lumière a baissé de moitié.

Gnilochkourov se leva alors de son banc et son corps éclipsa la lueur trouble de la lune. Il bâilla, retroussa sa chemise, gratta son ventre extraordinairement blanc et alla se coucher dans la grange. La douce voix de Petka Orlov le suivait, flottant derrière lui.

— À Gouliaï-Polié, il y avait un type qui s'appelait Ivan Goloub, il n'était pas du pays, dit Petka, c'était un gars tranquille, pas buveur, content de travailler, il s'en est mis trop sur les bras et il y a laissé sa peau... Ça leur a fait de la peine, aux gens de Gouliaï-Polié, tout le village a suivi son cercueil, c'était un étranger, mais ils y sont tous allés...

Arrivé à la porte de la grange, Petka se mit à marmonner des choses sur le défunt Ivan et sa voix était de plus en plus basse, de plus en plus émue.

— Il y a vraiment des gens sans pitié, lui répondit Gnilochkourov en s'endormant, il y en a, c'est sûr...

Gnilochkourov s'est endormi, les deux autres aussi, et je suis resté seul à la fenêtre. Mes yeux interrogent les ténèbres muettes, la bête du souvenir me ronge et le sommeil me fuit.

... Elle était assise depuis le matin dans la Grand-Rue et vendait des baies. Les hommes de Makhno la payaient avec des billets périmés. Elle avait un corps de blonde, potelé et léger. Le ventre en avant, Gnilochkourov prenait le soleil sur un banc. Il somnolait, attendait, et la femme, pressée d'écouler sa marchandise, fixait sur lui ses yeux bleus, et son visage se couvrait lentement d'une délicate rougeur.

— Anélia, dis-je, murmurant son nom, Anélia...

Publié en 1928.

ARGAMAK*

J'avais décidé de passer dans l'active. Mon commandant de division fit la grimace lorsqu'il l'apprit.

— Où vas-tu te fourrer ?... Fais mine de rêvasser, là-bas, et ça y est, on te règle ton compte...

J'arrivai à mes fins. Bien plus, mon choix se fixa sur la division la plus combattante, la sixième. On m'affecta au 4e escadron du 23e régiment de cavalerie. L'escadron était commandé par un ajusteur d'une usine de Briansk, Baouline, qui, question d'âge, était encore un gamin. Pour se donner de l'autorité, il s'était laissé pousser la barbe. Des touffes cendrées frisottaient sur son menton. À vingt-deux ans, Baouline ignorait tout ce qui est futile. Cette qualité, propre à des milliers de Baouline, a été un facteur important dans le triomphe de la révolution. Baouline était dur, taciturne, obstiné. Le chemin de sa vie était tout tracé. Jamais il ne mettait en doute la justesse de ce chemin. Les

* Ce récit se rattache au cycle des nouvelles qui composent le recueil *Cavalerie rouge*.

privations ne lui coûtaient guère. Il pouvait dormir assis. Il dormait, une main pressée contre l'autre, et se réveillait de sorte que son passage de l'inconscience du sommeil à l'état de veille était imperceptible.

Sous le commandement de Baouline, on ne pouvait pas s'attendre à des ménagements. Le début de mon service fut marqué par un signe de chance exceptionnel : on me donna un cheval. Il n'y avait de chevaux ni dans la réserve de montures, ni chez les paysans. Le hasard me vint en aide. Le Cosaque Tikhomolov tua deux officiers prisonniers sans en avoir reçu l'ordre. On l'avait chargé de les escorter jusqu'à l'état-major de la brigade, car les officiers pouvaient donner des renseignements importants. Tikhomolov ne les emmena pas jusque-là. On décida de traduire le Cosaque devant le tribunal révolutionnaire, puis on se ravisa. Le chef d'escadron Baouline lui infligea un châtiment plus terrible que le tribunal révolutionnaire : il confisqua à Tikhomolov son étalon nommé Argamak et relégua le Cosaque au train des équipages.

Les tourments que j'ai endurés avec Argamak dépassèrent presque la mesure des forces humaines. Tikhomolov l'avait amené de chez lui, des bords de la rivière Térek. Le cheval avait appris le trot cosaque, le galop de charge cosaque si particulier, sec, forcené, brusque. Le pas d'Argamak était long, étiré, opiniâtre. De ce pas diabolique, il me faisait sortir des rangs, je perdais de vue mon escadron et, dépourvu du sens de l'orientation, j'errais ensuite des jours entiers à la recherche de mon unité, me retrouvais à proximité des lignes ennemies, passais la nuit dans des ravins, essayais de me rattacher à d'autres régiments et me voyais chassé par eux. Mon savoir-faire de cavalier se limitait à ce que j'avais appris quand je servais, pendant la guerre contre l'Allemagne, dans le groupe de batteries attaché à la 15e division d'infanterie. Le plus souvent nous n'avions qu'à trôner sur un caisson d'artillerie et, de temps en temps, nous montions le cheval attelé à une pièce. Nulle part je n'avais eu l'occasion de me familiariser avec le trot dur et balancé d'Argamak. Tikhomolov avait légué à son cheval tous les démons de sa propre déchéance. Je bringuebalais comme un sac sur la longue échine maigre de l'étalon. Je lui abîmai le dos. Des plaies s'y formèrent. Des mouches métalliques venaient ronger ces plaies. Des rubans de sang noir coagulé cerclaient le ventre de l'animal. À cause d'une ferrure mal faite, Argamak commença à s'entretailler, ses jambes de derrière enflèrent au paturon et devinrent éléphantesques. Argamak maigrissait. Dans ses yeux s'alluma cette lueur caractéristique des chevaux qui souffrent, une lueur d'hystérie et d'obstination. Il refusait de se laisser seller.

— Tu l'as bousillé, ce cheval, quatre-zieux ! me dit le chef de peloton.

En ma présence, les Cosaques se taisaient, mais derrière mon dos ils se préparaient comme le font les rapaces, dans une immobilité somnolente et perfide. Ils ne me demandaient même plus de leur écrire leurs lettres.

La Cavalerie Rouge s'était emparée de Novograd-Volynski. Nous étions obligés de faire jusqu'à soixante et même quatre-vingts kilomètres par vingt-quatre heures. Nous approchions de Rovno. Il n'y avait pour ainsi dire jamais de journées de repos. Nuit après nuit, je faisais le même rêve. Monté sur Argamak, je suis en train de galoper. Des feux de bois brûlent au bord de la route. Les Cosaques font cuire leur nourriture. Je passe à côté d'eux sans qu'ils lèvent les yeux vers moi. Les uns me saluent, d'autres ne m'accordent pas un regard, ils ont autre chose à faire. Qu'est-ce que cela veut dire ? Leur indifférence signifie que ma tenue en selle n'a rien de particulier, je monte à cheval comme tout le monde, il n'y a pas de quoi me regarder. Je poursuis ma route au galop, et je suis heureux. Ma soif de tranquillité et de bonheur n'était pas assouvie dans la réalité, c'est de là que me venaient ces rêves.

Tikhomolov demeurait invisible. Il m'épiait quelque part, sur les bords de notre troupe en marche, dans les lourdes files de charrettes bourrées de bric-à-brac.

Le chef de peloton me dit un jour :

— Pachka n'arrête pas de nous cuisiner pour savoir quel genre de type tu es...

— Pourquoi est-ce qu'il aurait besoin de moi ?

— Faut croire que tu l'intéresses...

— Il doit s'imaginer que je lui ai fait du tort...

— Et tu ne lui en as pas fait peut-être, du tort ?...

La haine de Pachka me poursuivait à travers forêts et rivières. Je la sentais sur ma peau et me recroquevillais. Des yeux injectés de sang étaient attachés à mes pas.

— Pourquoi m'as-tu fait un ennemi ? demandai-je à Baouline.

Le chef d'escadron passa sans s'arrêter et bâilla.

— C'est pas mes oignons, répondit-il sans se retourner, c'est les tiens...

L'échine d'Argamak séchait un peu, puis elle se rouvrait. Je lui mettais jusqu'à trois tapis de selle, mais je n'obtenais pas une assiette convenable, les blessures ne se cicatrisaient pas. De me savoir assis sur une plaie ouverte, je sentais des démangeaisons sur tout mon corps.

Bizioukov, un Cosaque de notre peloton, était originaire de la même région que Tikhomolov, il avait connu le père de Pachka, là-bas sur le Térek.

— Son père, à Pachka, me dit un jour Bizioukov, il élève des chevaux pour la chasse... Un cavalier formidable, malgré qu'il soit gros... Dès qu'il arrive au haras, faut qu'il se choisisse un cheval. On lui en amène un. Il se plante devant le cheval, jambes écartées, il regarde... Qu'est-ce que tu veux ?... Ce qu'il veut, c'est brandir son poing énorme, et vlan, un coup entre les deux yeux ; le cheval, fini ! « Pourquoi, Kalistrate, que tu l'as zigouillée, cette bête ? — Moi, quand je chasse, j'y vais fort, qu'il répond, alors je ne peux pas monter un cheval comme ça... Il n'est pas fait pour moi. Il me disait rien, ce cheval... Avec moi, qu'il fait, la chasse, c'est pas de la rigolade... » Un cavalier formidable, y a pas à dire.

Ainsi, cet Argamak laissé en vie par le père de Pachka, choisi par lui, c'est moi qui en avais hérité. Que faire maintenant ? J'échafaudais une multitude de plans dans ma tête. La guerre me délivra de mes soucis.

La Cavalerie Rouge attaqua Rovno. La ville fut prise. Nous y restâmes quarante-huit heures. La nuit suivante, les Polonais nous repoussèrent. Ils avaient engagé le combat pour couvrir le repli de leurs unités. La manœuvre réussit. Les Polonais eurent pour couverture un ouragan, une pluie cinglante, un gros orage d'été qui déversa sur le monde des trombes d'eau noire. Nous évacuâmes la ville pour vingt-quatre heures. Le Serbe Dounditch, le plus vaillant des hommes, fut tué pendant ce combat nocturne. Tikhomolov participa aussi à la bataille. Les Polonais attaquèrent son convoi. L'endroit était en rase campagne, sans aucun abri. Pachka disposa ses charrettes suivant un ordre de combat connu de lui seul. C'est ainsi probablement que les Romains devaient ranger leurs chars. Il se trouve que Pachka avait une mitrailleuse. Sans doute l'avait-il volée et cachée à tout hasard. Avec cette mitrailleuse, Tikhomolov repoussa l'attaque, sauva le matériel et tout le convoi à l'exception de deux chariots dont les chevaux avaient été abattus.

— Pourquoi laisses-tu moisir les soldats ? dirent-ils à Baouline, à l'état-major de la brigade, quelques jours après ce combat.

— Si je le fais, faut croire que c'est nécessaire...

— Attention, tu vas tomber sur un bec...

Pour Pachka il n'y eut pas d'amnistie officielle, mais nous savions qu'il reviendrait. Il arriva, les pieds nus dans des caoutchoucs. Ses doigts étaient tailladés ; il en pendait des rubans de gaze noire. Ces bandes traînaient derrière lui comme une cape. Pachka arriva dans le village de Boutiatitchi, sur la place, devant l'église catholique, où nos chevaux étaient attachés à un piquet. Baouline était assis sur les marches de l'église et prenait un bain de pieds bouillant dans un baquet. Ses orteils avaient commencé à se gangrener. Ils étaient roses, comme le fer est rose au début de la trempe. Des touffes de cheveux juvéniles, pareils à de la paille, étaient collées sur son front. Le soleil brillait sur les briques et les tuiles de l'église. Bizioukov, debout à côté du chef d'escadron, lui fourra une cigarette dans la bouche et la lui alluma. Traînant sa cape déchirée, Tikhomolov se dirigea vers le piquet des chevaux. Ses caoutchoucs faisaient un bruit mou. Argamak tendit sa longue encolure et se mit à hennir dans la direction de son maître, un hennissement faible et aigu, comme celui d'un cheval dans le désert. La sanie, sur son dos, formait des bourrelets pareils à de la dentelle, entre les bandes de chair arrachée. Pachka s'arrêta à côté de son cheval. Ses bandages sales traînaient par terre, immobiles.

— Alors, c'est comme ça, dit le Cosaque, si bas qu'on l'entendait à peine.

Je m'avançai.

— Faisons la paix, Pachka. Je suis content que le cheval aille vers toi. Je ne pourrai jamais en venir à bout… Faisons la paix, veux-tu ?

— On n'est pas encore à Pâques, pour se réconcilier, dit le chef de peloton qui roulait une cigarette derrière moi.

Son large pantalon était desserré, sa chemise déboutonnée sur sa poitrine cuivrée ; il se reposait sur les marches de l'église.

— Donne-lui le baiser de la paix, Pachka, grommela Bizioukov, le « pays » de Tikhomolov, qui avait connu Kalistrate, le père de Pachka, il aimerait bien se réconcilier avec toi...

J'étais seul au milieu de ces hommes dont je n'avais pas su me gagner l'amitié.

Pachka restait cloué sur place devant son cheval. La respiration forte et libre, Argamak tendait son nez vers lui.

— Alors, c'est comme ça, répéta le Cosaque.

Puis il se tourna brusquement vers moi et me dit tout de go :

— Je ne vais pas me réconcilier avec toi.

Traînant ses caoutchoucs, il commença à s'éloigner sur la route crayeuse grillée par le soleil, et ses bandages balayaient la poussière de la place villageoise. Argamak le suivit comme un chien. Sa bride se balançait sous son chanfrein, sa longue encolure était penchée vers le sol. Baouline continuait à frotter dans le baquet la pourriture métallique et rougeâtre de ses pieds.

— Tu m'as fait un ennemi, lui dis-je, mais en quoi suis-je coupable dans cette histoire ?

Le chef d'escadron leva la tête.

— Je te vois, dit-il, je te vois tout entier... Tu cherches à vivre sans ennemis... C'est ce que tu manigances tout le temps, vivre sans ennemis...

— Fais la paix avec lui, grommela Bizioukov en se détournant.

Une tache flamboyante s'imprima sur le front de Baouline. Un tic nerveux lui crispa la joue.

— Tu sais à quoi ça mène ? dit-il sans arriver à contrôler sa respiration. L'ennui, voilà à quoi ça mène... Fous le camp à tous les diables !...

Je fus obligé de partir. On me transféra au 5e escadron. Là les choses allèrent mieux. Quoi qu'il en soit, Argamak m'avait appris à me tenir en selle comme Tikhomolov. Des mois passèrent. Mon rêve se réalisa. Les Cosaques cessèrent de nous suivre des yeux, mon cheval et moi.

Daté 1924-1930.

FROÏM GRATCH

En 1919 les hommes de Bénia Krik attaquèrent l'arrière-garde des Volontaires[1], massacrèrent les officiers et s'emparèrent d'une partie du convoi. En récompense, ils réclamèrent au soviet d'Odessa trois jours d'« insurrection pacifique », mais comme l'autorisation leur fut refusée, ils emportèrent les textiles de tous les magasins du boulevard Alexandrovski. Leur activité se reporta ensuite sur la Société de Crédit Mutuel. Faisant passer les clients devant eux, ils entrèrent dans la banque et prièrent les membres de l'artel de déposer des ballots remplis d'argent et de valeurs dans une automobile qui attendait dans la rue. Un mois s'écoula avant qu'on ne commence à les fusiller. Il se trouva alors des gens pour dire qu'Aron Peskine, le propriétaire d'un atelier, avait trempé dans l'affaire de leur capture et de leur arrestation. À quoi servait l'atelier, on n'a pas pu le préciser. Au domicile de Peskine, il y avait une machine-outil, un long engin avec un arbre tordu et gris comme du

1. Les armées blanches conduites par le général tsariste Wrangel.

plomb ; de la sciure et du carton à reliure traînaient sur le plancher.

Un matin de printemps, Micha Yablotchko, un ami de Peskine, vint frapper à la porte de l'atelier.

— Aron, dit le visiteur à Peskine, dehors il fait un temps merveilleux. Tel que tu me vois, je suis le genre d'individu à prendre une demi-bouteille et un casse-croûte improvisé, et à faire une balade au grand air à la plage d'Arcadie[1]. Tu vas peut-être te moquer d'un type comme ça, mais moi je suis pour se chasser de temps à autre toutes ces idées de la tête...

Peskine s'habilla et partit en voiture avec Micha Yablotchko en Arcadie. Ils se promenèrent jusqu'au soir ; à la tombée de la nuit, Micha Yablotchko entra dans la chambre où Mme Peskine lavait sa fille âgée de quatorze ans dans une cuve à lessive.

— Bien le bonjour, dit Micha en ôtant son chapeau, nous avons passé le temps d'une manière admirable. Le grand air, c'est quelque chose d'extraordinaire, seulement il faut s'armer de patience avant de parler avec votre mari... Il a un caractère embêtant.

— À qui le dites-vous, s'exclama Mme Peskine en attrapant sa fille par les cheveux et en la secouant en tous sens, où est-il, cet aventurier ?

— Il se repose dans le jardin, devant la maison.

Micha souleva de nouveau son chapeau, prit congé et partit dans sa voiture. Ne voyant pas venir son mari, Mme Peskine alla le chercher dans le jardin. Coiffé de son panama, il était assis, accoudé à la table du jardin, et souriait en montrant ses dents.

— Aventurier ! lui dit Mme Peskine, et tu ris encore... Ta

1. La grande plage d'Odessa.

fille me fait avoir une attaque, elle ne veut pas se laver la tête... Vas-y, cause-lui, à ta fille...

Peskine se taisait et continuait à montrer ses dents.

— Vaurien, commença Mme Peskine, elle jeta un coup d'œil sous le chapeau de son mari et cria.

Les voisins accoururent, ameutés par ses cris.

— Il n'est pas vivant, leur dit Mme Peskine, il est mort.

C'était une erreur. Peskine avait eu la poitrine traversée par des balles en deux endroits et le crâne enfoncé, mais il vivait encore. On l'emmena à l'hôpital juif. Ce fut le docteur Zilberberg, et nul autre, qui opéra le blessé, mais Peskine n'eut pas de chance, il mourut sur le billard. Cette même nuit, la Tchéka arrêta un homme surnommé le Géorgien et son ami Kolia Lapidus. L'un était le cocher de Micha Yablotchko, l'autre avait attendu la voiture en Arcadie, au bord de la mer, au tournant qui conduit dans la steppe. On les fusilla après un interrogatoire qui ne traîna pas en longueur. Seul Micha Yablotchko se tira de l'embuscade. Il disparut sans laisser de traces et quelques jours passèrent avant qu'une petite vieille qui vendait des graines de tournesol ne se présentât dans la cour de Froïm Gratch. Elle portait sa marchandise à son bras dans un panier. Un de ses sourcils, pareil à un buisson charbonneux et velu, était relevé, l'autre, à peine dessiné, s'incurvait au-dessus de la paupière. Froïm Gratch était assis, jambes écartées, près de l'écurie et jouait avec son petit-fils Arcadi. Ce garçonnet était tombé, trois ans plus tôt, des robustes entrailles de sa fille Baska.

Le grand-père tendit un doigt à Arcadi qui le saisit, s'y suspendit et se mit à se balancer comme après une traverse.

— Tu n'es qu'un brimborion, dit Froïm à son petit-fils en le regardant de son œil unique.

Une petite vieille avec un sourcil velu et des bottines d'homme attachées par une ficelle s'approcha d'eux.

— Froïm, proféra la petite vieille, je te dis que ces gens-là n'ont pas d'humanité. Ils n'ont pas de parole. Ils nous étranglent dans des caves comme des chiens dans une fosse. Ils ne nous laissent pas parler avant de mourir... Il faut les déchirer à belles dents, ces gens-là, et leur arracher le cœur... Tu te tais, Froïm, ajouta Micha Yablotchko, les gars attendent que tu cesses de te taire...

Micha se leva, passa son panier d'une main dans l'autre et s'en alla en levant son sourcil noir. Trois fillettes avec des nattes maigrelettes le rencontrèrent sur la place Saint-Alexis, près de l'église. Elles se promenaient en se tenant par la taille.

— Mesdemoiselles, leur dit Micha Yablotchko, je ne vous régalerai pas de thé et de biscuits...

Avec un verre, il leur versa des graines dans les poches de leurs petites robes et disparut en contournant l'église.

Froïm Gratch se retrouva seul dans la cour. Il restait assis, immobile, son œil unique fixé dans le vide. Les mulets enlevés aux troupes coloniales faisaient craquer le foin dans l'écurie, les juments rebondies paissaient avec leurs poulains dans la propriété. À l'ombre d'un marronnier, les cochers jouaient aux cartes et sirotaient du vin dans des récipients ébréchés. Des coups de vent chaud balayaient les murs crayeux, le soleil, dans sa profonde torpeur, ruisselait sur la cour. Froïm se leva et sortit dans la rue. Il franchit la rue Prokhorovskaya qui envoyait se dissiper dans le ciel la fumée et l'odeur de graillon de ses cuisines misérables, puis il traversa la place du Marché aux Puces où des gens enveloppés dans des rideaux et des voilages se les vendaient les uns aux autres. Il arriva à la rue Catherine-II, tourna près de la statue de l'impératrice et entra dans l'immeuble de la Tchéka.

— Je suis Froïm, dit-il au commandant, j'ai besoin de voir le patron.

Le président de la Tchéka, à l'époque, c'était Vladislav Simen, un homme venu de Moscou. Informé de l'arrivée de Froïm, il convoqua le juge d'instruction Borovoï pour le questionner au sujet de ce visiteur.

— C'est un type grandiose, répondit Borovoï, Odessa tout entière va défiler devant vous...

Le commandant fit entrer dans un bureau le vieillard vêtu d'un surtout de grosse toile, massif comme un bâtiment, roux, avec un œil fermé et une joue mutilée.

— Patron, dit le nouveau venu, qui est-ce que tu frappes ?... Tu frappes les aigles. Qu'est-ce qui va te rester, patron, les ordures ?

Simen fit un geste et entrouvrit le tiroir de la table.

— Je suis venu sans rien, dit alors Froïm, je n'ai rien dans les mains, rien dans mes bottes et je n'ai laissé personne dans la rue, derrière le portail... Relâche mes gars, patron, dis ton prix...

On fit asseoir le vieillard dans un fauteuil, on lui apporta du cognac. Borovoï sortit de la pièce et réunit chez lui les juges d'instruction et les commissaires venus de Moscou.

— Je vais vous montrer un type, dit-il, c'est une épopée, il n'y en a pas deux comme lui...

Et Borovoï raconta que c'était Froïm le Borgne, et non Bénia Krik, le véritable chef des quarante mille voleurs d'Odessa. Il cachait son jeu, mais tout avait été exécuté suivant les plans du vieux, pillages des fabriques et de la trésorerie d'Odessa, attaques contre les Volontaires et les troupes alliées, tout. Borovoï attendait que le vieillard sorte pour lui parler. Froïm ne venait pas. Las d'attendre, le juge d'instruction partit à sa recherche. Il fit le tour de tout le bâtiment et, pour finir, jeta un coup d'œil dans une arrière-cour. Froïm Gratch était couché là, sous une bâche, près d'un mur couvert de lierre. Deux soldats de l'Armée Rouge fumaient des cigarettes de leur fabrication au-dessus de son cadavre.

— Un vrai ours, dit le plus vieux, en apercevant Borovoï, une force incroyable… Un vieux comme ça, si on ne le tuait pas, il serait increvable… Il avait déjà reçu dix charges, qu'il y revenait encore…

Le soldat était tout rouge, ses yeux étincelaient, sa casquette avait glissé sur le côté.

— Tu dis des bêtises, interrompit l'autre homme d'escorte, il est mort et c'est tout, ils sont tous pareils…

— Pas tous, s'écria le plus âgé, tu en as qui supplient, qui crient, d'autres ne disent pas un mot… Comment veux-tu qu'ils soient tous pareils ?…

— Pour moi, ils sont pareils… Ils ont la même tête, je ne les distingue pas les uns des autres…, répéta avec obstination le soldat qui était un peu plus jeune.

Borovoï se pencha et écarta la bâche. Une ombre de mouvement, comme une grimace, subsistait sur le visage du vieillard.

Le juge d'instruction retourna dans sa chambre. C'était une salle circulaire, tendue de satin. Une réunion y avait lieu à propos des nouvelles règles administratives. Simen faisait un rapport sur les désordres qu'il avait constatés, les jugements mal formulés, les procès-verbaux d'enquête stupidement rédigés. Il insistait pour que les juges d'instruction, répartis en groupes, commencent à travailler avec des avocats-conseils et conduisent les affaires dans les formes et suivant les modèles fixés par la Direction Générale à Moscou.

Borovoï écoutait, assis dans son coin. Il était assis tout seul, à l'écart des autres. Simen s'approcha de lui, après la réunion, et le prit par le bras.

— Tu es fâché contre moi, je sais, dit-il, seulement nous sommes le pouvoir, Sacha, nous sommes le pouvoir d'État, il ne faut pas l'oublier…

— Je ne suis pas fâché, répondit Borovoï en se détournant, vous n'êtes pas d'Odessa, vous ne pouvez pas comprendre, c'est toute une histoire avec ce vieillard...

Ils s'assirent côte à côte, le président qui avait tout juste vingt-trois ans, et son subordonné. Simen tenait la main de Borovoï dans la sienne et la serrait.

— Réponds-moi comme tchékiste et comme révolutionnaire, dit-il après un silence, qu'avons-nous besoin d'un tel homme dans la société future ?

— Je ne sais pas - Borovoï restait immobile et regardait droit devant lui -, on n'en a sans doute pas besoin...

Il fit un effort pour chasser ses souvenirs. Ensuite, retrouvant son animation, il se remit à parler aux tchékistes venus de Moscou de la vie de Froïm Gratch, de son ingéniosité, de son habileté à rester insaisissable, de son mépris envers son prochain, il leur raconta toutes ces histoires étonnantes qui appartenaient désormais au passé.

Antérieur à 1933.

KOLYVOUCHKA*

Quatre hommes entrèrent dans la cour d'Ivan Kolyvouchka : Ivachko, le délégué du R.I.K.[1], Evdokim Nazarenko, le chef de l'assemblée du village, Jitniak, le président du kolkhoze qui venait de se constituer et Adrian Morénetz. Quand Adrian se déplaçait, on aurait dit qu'une tour s'ébranlait et se mettait à marcher. Pressant contre sa hanche une sacoche de toile qui se cassait en deux, Ivachko courut le long des remises et bondit dans la maison. Près de la fenêtre, la femme d'Ivan et ses deux filles tordaient du fil sur des rouets brunis. Un fichu noué autour de la tête, avec leurs hautes pèlerines et leurs petits pieds nus très propres, elles ressemblaient à des nonnes. Des photographies de sous-

* Cette nouvelle est sous-titrée « Fragment du livre "Vélikaïa-Staritsa" ». En 1930, Babel séjourna dans le village de Vélikaïa-Staritsa, en Ukraine, pour observer les transformations apportées à la vie rurale par l'application du Premier Plan Quinquennal. Il commença à travailler à un cycle de récits centrés autour du thème de la collectivisation. *Kolyvouchka* et *Gapa Goujva* sont les deux seuls textes qui en subsistent.

1. Comité exécutif de district.

officiers, de maîtresses d'école et de citadins dans leur maison de campagne étaient accrochées entre des serviettes et des miroirs bon marché. Ivan entra dans la maison derrière les visiteurs et ôta son bonnet.

— Il paie combien de redevances ? demanda Ivachko qui ne tenait pas en place.

Les mains enfoncées dans les poches, le maire, Evdokim, regardait voler la roue d'un rouet.

Ivachko poussa un grognement en apprenant que Kolyvouchka payait deux cent seize roubles.

— Il n'a pas pu faire plus ?...

— Faut croire que non...

Jitniak étira ses lèvres sèches, le maire, Evdokim, contemplait toujours le rouet. Kolyvouchka, debout sur le seuil, fit un clin d'œil à sa femme ; elle sortit une quittance de derrière les icônes et la tendit au délégué du R.I.K.

— Fonds de semences ?... demanda Ivachko d'un ton bref.

D'impatience il remuait nerveusement un pied et l'enfonçait dans les lames du parquet.

Evdokim leva les yeux et promena son regard tout autour de la pièce.

— Dans ce gouvernement, on verse tout, camarade délégué... Dans ce gouvernement, ça n'existe pas qu'on ne verse pas...

Les murs blanchis se rejoignaient au-dessus des visiteurs en formant une voûte basse et tiède. Les fleurs dans des verres de lampe, les armoires lisses, les bancs encaustiqués, tout reflétait une propreté scrupuleuse. Ivachko quitta sa place et courut vers la sortie, avec sa sacoche ballottante.

— Camarade délégué, dit Kolyvouchka qui l'avait suivi, on m'enverra des ordres, ou quoi ?

— Tu recevras un avis, cria Ivachko en balançant les bras, et il continua à courir.

Adrian Morénetz le suivait, colossalement grand. Tymych, le jovial agent, apparut une seconde au portail, emboîtant le pas à Ivachko. De ses longues jambes, il arpentait la rue boueuse du village.

— Auprès de qui on se renseigne, Tymych ?...

Ivan lui fit signe d'approcher et l'attrapa par la manche. L'agent, cette grande perche joviale, se plia en deux, et ouvrit une gueule bordée de perles et remplie par une grosse langue cramoisie.

— Ta maison, on la confisque pour réparation...

— Et moi ?...

— Toi, on t'expulse...

Et, sur ses jambes d'échassier, Tymych se dépêcha de rattraper ses chefs.

Une jument était attelée dans la cour d'Ivan, ses rênes rouges jetées sur des sacs de froment. Près d'un tilleul au tronc incliné, au beau milieu de la cour, il y avait une souche avec une hache plantée dedans. Ivan toucha son bonnet, le déplaça un peu et s'assit. La jument vint à lui, un large traîneau bas glissant derrière elle, elle tira la langue et la roula en cornet. La jument était gravide, son ventre était fortement distendu. Pour jouer, elle attrapa son maître par son épaule ouatinée et la tirailla. Ivan regardait fixement le sol sous ses pieds. La neige piétinée se ridait autour de la souche. Le dos voûté, Kolyvouchka retira la hache, la tint suspendue en l'air et frappa la bête sur le front. Une de ses oreilles se détacha, l'autre sauta et se coucha ; la jument poussa un gémissement et prit le mors aux dents. Le traîneau se retourna, le froment se répandit en dessinant des raies torsadées sur la neige. La jument se cabrait et renversait la tête en arrière. Près de la remise, elle s'empêtra dans les dents d'une herse. Ses yeux émergèrent à travers un voile de sang ruisselant. Elle se mit à geindre plaintivement. Le poulain se retourna en elle, une veine se gonfla sur son ventre.

— Faisons la paix, dit Ivan, en lui tendant la main, faisons la paix, ma fille...

La paume de sa main restait ouverte. L'oreille de la jument pendait, ses yeux louchaient, des cercles sanglants brillaient autour, son cou formait une ligne droite avec son chanfrein. Sa lèvre supérieure se retroussait de désespoir. Elle allongea le cou et se mit à avancer en traînant la herse sautillante. Ivan mit derrière son dos sa main armée de la hache. Le coup atteignit l'animal entre les yeux, il s'écroula tandis que le poulain se retournait encore une fois dans son ventre. Décrivant un cercle dans la cour, Ivan alla dans la remise et poussa dehors le semoir. Avec de grands gestes larges et lents, il fracassa la machine, retournant la hache dans le délicat agencement des roues et du tambour. Sa femme apparut sur le perron, vêtue d'une haute pèlerine.

— Mère - Ivan entendit sa voix lointaine -, mère, il démolit tout...

La porte s'ouvrit ; une vieille femme en pantalon de toile, appuyée sur une canne, sortit de la maison. Ses cheveux jaunes couvraient les creux de ses joues, sa chemise pendait comme un linceul sur son corps plat. La vieille marcha dans la neige avec ses bas peluchés.

— Brute, dit-elle à son fils en lui ôtant la hache, tu as pensé à ton père ?... Tu as pensé à tes forçats de frères ?...

Des voisins se rassemblèrent dans la cour. Les paysans se tenaient en demi-cercle et détournaient les yeux. Une femme s'élança et se mit à pousser des cris aigus.

— La paix, charogne ! lui dit son mari.

Ivan restait debout, appuyé à un mur. Le bruit de sa respiration retentissait dans toute la cour. On aurait dit qu'il accomplissait un travail pénible en aspirant l'air et en le rejetant.

Térenti, l'oncle de Kolyvouchka, courait autour du portail et essayait de le fermer.

— Je suis un homme, dit soudain Ivan à ceux qui l'entouraient, je suis un homme, un paysan... Vous n'avez jamais vu un homme ?

Jouant des coudes, les jambes pliées, Térenti chassait les badauds.

Les battants du portail grincèrent et se rejoignirent. Ils s'ouvrirent vers le soir. Il en sortit un traîneau bourré d'objets entassés les uns sur les autres, au point qu'ils débordaient sur les côtés. Des femmes étaient perchées sur les ballots, comme des oiseaux transis. Une vache marchait au bout d'une corde attachée à une de ses cornes. Le traîneau dépassa l'extrémité du village et disparut dans le désert neigeux et plat. Le vent pétrissait la neige et gémissait en éparpillant de grandes vagues bleues sous un ciel de fer-blanc. Un filet de diamants étincelants semblait enserrer le ciel.

Les yeux fixés droit devant lui, Kolyvouchka suivit la rue du village jusqu'à la mairie où avait lieu une réunion du nouveau kolkhoze « Renaissance ». Jitniak, le bossu, était affalé à une table.

— La transformation de notre vie, en quoi elle consiste, cette transformation ? - Les mains du bossu se pressaient contre son torse et s'envolaient de nouveau. — Paysans, nous nous orientons dans une direction laitière et maraîchère, c'est d'une importance énorme... Nos pères et nos grands-pères ont piétiné un trésor avec leurs bottes ; à l'heure actuelle, nous le déterrons. N'est-ce pas une honte, n'est-ce pas une persécution que, vivant à quelque soixante kilomètres de notre chef-lieu, nous n'ayons pas organisé notre économie sur des bases scientifiques ? Nos yeux étaient fermés, paysans, nous nous sommes dégonflés... Que signifient soixante verstes, qui le sait ?... Dans notre État, cela signifie une heure de temps, mais même cette petite heure est notre propriété d'hommes, c'est un bien précieux...

La porte de la mairie s'ouvrit. Kolyvouchka, vêtu d'une pelisse courte d'une seule pièce, et d'un haut bonnet, se dirigea vers le mur. Les doigts d'Ivachko bondirent et s'enfoncèrent dans ses papiers.

— Les personnes privées du droit de vote sont priées de quitter notre réunion…, dit-il, les yeux baissés sur ses papiers.

Par la fenêtre, derrière les vitres sales, le soleil couchant déversait des flots d'émeraude. Dans la pénombre de la maison rustique, des étincelles brillaient faiblement dans la fumée humide du mauvais tabac.

Kolyvouchka s'avança vers la table où siégeait le bureau de l'assemblée : la fille de ferme Ivga Movtchan, le maire Evdokim et Adrian Morénetz, toujours silencieux.

— *Mir*[1], dit Kolyvouchka en étendant le bras et en posant sur la table un trousseau de clés, je vous quitte, *mir*…

Le fer tinta en tombant sur les planches noircies. Le visage décomposé d'Adrian sortit de l'ombre.

— Où iras-tu, Ivan ?

— Les gens ne veulent pas de moi, peut-être que la terre m'acceptera…

Ivan sortit sur la pointe des pieds, la tête basse.

— C'est de la comédie, glapit Ivachko, dès que la porte se fut refermée derrière lui, de la provocation… Il est allé chercher son fusil à canon scié, il ne fera rien d'autre que de se chercher son fusil…

Ivachko tapa du poing sur la table. Les mots « pas de panique, gardez votre calme » se bousculaient dans sa bouche. Le visage d'Adrian se renfonça dans le coin sombre.

— Non, délégué, dit-il du fond de l'obscurité, peut-être qu'il n'ira pas chercher son fusil.

— Ma proposition…, s'écria Ivachko.

1. Le *mir* était la communauté rurale dans la Russie tsariste.

Ce qu'il proposait, c'était de désigner quelqu'un pour monter la garde devant la maison de Kolyvouchka. On choisit Tymych, l'agent. Avec toutes sortes de grimaces, il apporta une chaise cannée sur le perron, se vautra dessus, posa à ses pieds un fusil à plomb et un gourdin. Du haut du perron, du haut de son trône rustique, Tymych interpellait les filles, sifflait, braillait et cognait son fusil par terre. La nuit était lilas et lourde comme une roche. Des ruisseaux figés y couraient, telles des veines. Une étoile était descendue dans les puits des nuages noirs.

Le lendemain matin, Tymych rapporta qu'il n'y avait rien à signaler. Ivan avait passé la nuit chez le grand-père Abram, le vieux couvert d'excroissances de chair. La veille au soir, Abram s'était traîné jusqu'au puits.

— Qu'est-ce que tu vas faire, grand-père Abram ?

— Je vais faire chauffer le samovar, avait dit le vieux.

Ils avaient dormi tard. De la fumée commença à monter au-dessus des maisons, mais leur porte restait toujours close.

— Il a filé, dit Ivachko à l'assemblée du kolkhoze, on va se mettre à pleurer, ou quoi... Qu'en pensez-vous, paysans ?...

Ses coudes pointus et tremblants largement écartés sur la table, Jitniak inscrivait dans un livre le signalement des chevaux collectivisés. Sa bosse jetait une ombre mouvante.

— Comment va-t-on nous clouer le bec maintenant, pérorait Jitniak, quand il avait un moment de libre, maintenant nous avons besoin de tout ce qui existe... Il nous faut des pluies artificielles, des charrues à ressorts, un tracteur, une pompe... Nous sommes insatiables, paysans... Tout notre pays est insatiable...

Les chevaux que Jitniak inscrivait étaient tous bai et pie, ils s'appelaient « Gamin » ou « Cocotte ». Jitniak obligeait leurs propriétaires à signer à côté de leur nom de famille.

Un bruit l'interrompit, le piétinement lointain et sourd d'un troupeau. Le ressac montait et déferlait sur Vélikaïa-Staritsa. Une multitude de gens accourait dans la rue qui parut éclater. Des culs-de-jatte roulaient en tête. Une bannière invisible flottait au-dessus de la foule. Arrivés devant la mairie, les gens changèrent de pas et se rangèrent. Un espace circulaire se fit au milieu d'eux, un cercle de neige soulevée, une place vide comme on en laisse pour le pope pendant une procession. Kolyvouchka était debout dans ce cercle, la chemise pendante sous son gilet, la tête toute blanche. La nuit avait argenté sa chevelure noire de Tsigane, il n'y restait plus un seul cheveu noir. Faibles oiseaux emportés par le vent, des flocons de neige passaient sous le ciel moins froid. Penché en avant, le vieillard aux jambes cassées contemplait avidement les cheveux blancs de Kolyvouchka.

— Parle, Ivan, proféra le vieillard en levant les bras, dis aux gens ce que tu as sur le cœur...

— *Mir*, où me chassez-vous, murmura Kolyvouchka, en regardant de tous côtés, où vais-je aller... Je suis né parmi vous, *mir*...

Un grondement courut dans les rangs. Écartant les gens, Morénetz s'était frayé un chemin en avant.

— Il n'a qu'à travailler - un cri n'arrivait pas à s'arracher de son corps, sa voix tremblait -, qu'il travaille... De qui va-t-il manger la part ?

— De moi, dit Jitniak, et il se mit à rire.

Traînant les pieds, il s'approcha de Kolyvouchka et lui fit un clin d'œil.

— Cette nuit, j'ai dormi avec ma bonne femme, dit le bossu, quand je me lève, voilà qu'elle avait fait des beignets, on s'en est empiffré comme des cochons, tous les deux, tellement que ça nous faisait péter...

Le bossu se tut, son rire s'arrêta brusquement, le sang quitta son visage.

— Tu es venu nous mettre au pied du mur, dit-il plus bas, tu es venu nous tyranniser, nous tourmenter avec ta tête blanche, seulement nous n'allons pas nous tourmenter, Vania... Ça nous embête, à l'heure qu'il est, de nous tourmenter...

Le bossu s'approchait sur ses jambes grêles et tordues. En lui, il y avait une sorte de sifflement, comme chez un oiseau.

Il faut te tuer, chuchota-t-il, trouvant soudain la solution, je cherche le pistolet et je te liquide...

Son visage s'éclaira ; heureux, il toucha la main de Kolyvouchka et se précipita dans la maison pour prendre le fusil à plomb de Tymych. Kolyvouchka oscilla un instant sur place et se mit à marcher. Sa tête argentée s'éloignait dans le tourbillon de neige entre les maisons. Ses pieds s'emmêlaient, ensuite son pas se raffermit. Il tourna dans la route de Xénievka. Depuis lors, personne ne l'a revu à Vélikaïa-Staritsa.

Postérieur à 1930.

LA JUIVE*

1

Suivant la tradition, la vieille femme passa sept jours assise sur un siège bas, au ras du plancher. Le huitième jour, elle se leva et sortit dans la bourgade. Il faisait un temps superbe. Le marronnier qui se dressait devant la maison avait déjà ses petites bougies allumées. Il était tout inondé de soleil. Lorsque, par une belle journée d'été, on songe à ceux qui viennent de mourir, le malheur semble atroce et irrémédiable. La vieille femme portait une robe de soie noire imprimée à fleurs, à l'ancienne mode, et un fichu de soie. Elle s'était habillée ainsi pour faire honneur à son défunt mari, pour que les

* Le manuscrit de cette nouvelle qui comporte des passages obscurs, ainsi que des variantes et des points d'interrogation mis entre parenthèses, semble être, par sa structure, l'ébauche d'un roman que Babel aurait laissé inachevé. À moins qu'il ne s'agisse là d'une variante incomplète, seule survivance d'un manuscrit entièrement achevé, qui aurait disparu quand les papiers de Babel furent confisqués, à l'époque de son arrestation.

voisins ne les trouvent pas minables, elle et lui, dans la mort.

Ainsi vêtue, la vieille Esther se rendit au cimetière. Les fleurs jetées sur le monticule funéraire s'étaient flétries. Quand elle les toucha du doigt, elles tombèrent et se cassèrent. Alter, un habitué du cimetière, accourut vers Esther...

— Une prière, madame.

Elle ouvrit son sac à main, compta lentement quelques petites pièces d'argent et les donna à Alter, gravement, sans rien dire.

Son silence mit Alter mal à l'aise. Il s'éloigna sur ses jambes torses, en parlant tout seul à voix basse. Le soleil accompagnait son dos courbé et décoloré. Esther resta seule avec la tombe. Le vent passa dans les cimes des arbres et les inclina.

— Je suis très malheureuse sans toi, dit la petite vieille en robe de soie, je ne peux pas te dire comme je suis malheureuse...

Elle resta assise près de la tombe, serrant dans ses mains ridées les fleurs effeuillées.

Elle crispait ses doigts jusqu'à en avoir mal pour chasser les souvenirs. Il est terrible, pour une femme, de se rappeler devant une tombe ses trente-cinq années de mariage, les jours et les nuits de sa vie conjugale. Anéantie par cette lutte avec des souvenirs qu'on ne peut confier à personne, elle s'en retourna péniblement chez elle, le soir, à travers la bourgade misérable.

Des rayons jaunes s'allongeaient sur la place du marché. Des vieillards et des vieilles estropiés vendaient à des éventaires de l'huile de tournesol, des oignons flétris, des petits poissons, des caramels pour les enfants. Près de la maison, Esther rencontra sa fille âgée de quinze ans.

— Maman, cria la fillette avec la voix atrocement

perçante des femmes juives, tu ne nous tourmenteras plus, Boris est arrivé.

Remuant machinalement les doigts, le fils était debout sur le pas de la porte, en uniforme, des décorations sur la poitrine. La petite vieille cassée s'arrêta, son visage mouillé de larmes couvert d'une rougeur fébrile.

— Comment as-tu osé arriver trop tard au chevet de ton père ? Comment as-tu osé lui faire cela ?

Ses enfants la firent entrer dans la maison en la soutenant.

Elle s'assit sur un tabouret bas, le même sur lequel elle était restée pendant sept jours, et regardant fixement son fils, elle se mit à le torturer en lui racontant l'agonie de son père. Ce fut un récit circonstancié où rien ne fut omis, ni l'œdème des jambes, ni le nez bleui le jour de la mort, ni les courses à la pharmacie pour chercher des ballons d'oxygène, ni l'indifférence des gens qui allaient et venaient près du lit de mort. Elle n'oublia pas de raconter comment le père, en mourant, avait appelé son fils. À genoux devant son lit, elle réchauffait sa main dans les siennes. Le père lui répondait par une faible pression des doigts et prononçait sans relâche le nom de son fils. Les yeux agrandis et pleins de lumière, il avait prononcé ce prénom d'abord distinctement et sans répit - le mot « Boris » bourdonnait dans le silence de la chambre comme le ronflement d'une quenouille -, puis le vieillard perdit le souffle, reprit haleine dans un râle et chuchota : « Boretchka. » Ses yeux s'agrandirent et il s'épuisa à crier et sangloter : « Boretchka. » La vieille femme qui lui réchauffait les mains lui dit :

— Je suis ici, ton fils est ici.

La main du mourant s'emplit de vigueur et de mouvement. Elle commença à se débattre et à griffer les paumes qui la réchauffaient. Il se mit à crier ce mot « Boretchka » d'une autre voix, une voix grêle qu'il n'avait jamais eue de toute sa vie, et il mourut avec ce mot sur les lèvres.

— Comment as-tu osé arriver trop tard, dit la vieille femme à son fils assis de biais, près de la table.

On n'avait pas allumé les lampes.

Le jeune homme restait là dans l'obscurité qui enveloppait sa silhouette immobile. Il pouvait entendre la respiration lourde et irritée de sa mère. Enfin il se leva, accrocha le bord de la table avec son revolver et sortit.

Il déambula la moitié de la nuit à travers la petite bourgade juive où il était né. Pareils à des serpents, les reflets des étoiles tremblaient sur la rivière. Les masures qui se dressaient sur la berge répandaient une odeur infecte. Il y avait des brèches béantes dans les murs vieux de trois siècles de la synagogue, qui avaient résisté aux bandes de Khmelnitzki[1].

Sa bourgade natale se mourait. L'horloge du siècle sonnait la fin d'une vie sans défense. La fin ou la renaissance ? se demandait Boris. Il avait le cœur si lourd qu'il ne trouva pas la force de répondre à cette question. L'école où il avait fait ses études avait été saccagée par l'ataman Strouk[2] en 1919. La maison où demeurait Génia était occupée aujourd'hui par la Bourse du Travail. Il passait près des ruines, près des maisons endormies, bancales et basses, dont les porches exhalaient la puanteur de la misère, et il leur disait adieu. À la maison, sa sœur et sa mère l'attendaient. Un samovar qu'on n'avait pas nettoyé bouillait sur la table, où traînait un morceau de poule bleuie. Esther vint vers lui sur ses jambes défaillantes, se serra contre lui et se mit à pleurer. À travers la blouse de sa mère, à travers sa peau

1. Bogdan Khmelnitzki : chef cosaque qui se rebella contre les Polonais au XVIIe siècle et massacra les Juifs.
2. Chef militaire dans l'armée de Petlioura.

flasque, amollie et pendante, il sentait battre et s'envoler son cœur à elle, et aussi le sien, car leurs deux cœurs ne faisaient qu'un. Et l'odeur de la chair tremblante de sa mère était si amère, si pathétique, c'était tellement l'odeur des Ehrlich, qu'il en éprouva une insupportable pitié. Secouée de sanglots, la vieille femme pleurait contre la poitrine de son fils, contre les deux décorations du Drapeau Rouge. Les décorations étaient trempées de larmes. Ce fut le commencement de sa guérison, de sa résignation à la solitude et à la fin.

2

Le lendemain matin, les parents arrivèrent, vestiges d'une grande et ancienne famille. Il y avait eu, dans cette famille, des commerçants, des aventuriers et des révolutionnaires timides et poétiques de l'époque de la Volonté du Peuple[1]. Une tante de Boris était une infirmière qui autrefois avait fait des études à Paris, avec vingt roubles par mois, et écouté les discours de Jaurès et de Guesde. Son mari était un de ces philosophes de province, ratés et attendrissants. Les autres oncles étaient des marchands de blé, des commis voyageurs, des boutiquiers chassés à présent de la vie, une foule d'êtres désemparés et pitoyables, une foule d'hommes ramollis, en pèlerines ou en manteaux couleur de rouille. Ils racontèrent encore une fois à Boris comment les jambes de son père avaient enflé, à quel endroit s'étaient formées les escarres, qui avait couru chercher de l'oxygène à la pharmacie. Le marchand de blé, qui autrefois était riche, mais que l'on avait expulsé mainte-

1. Organisation révolutionnaire terroriste, responsable de l'assassinat du tsar Alexandre II en 1881.

nant de sa maison et qui enroulait des bandes molletières autour de ses vieilles jambes maigres, entraîna Boris à l'écart, le regarda avec des yeux clignotants et, sans doute pour se mettre au mieux avec ce neveu qui s'était tellement éloigné de la famille, lui dit qu'il n'aurait jamais pensé que son père avait encore un corps aussi pur et lisse. Ils avaient assisté à la toilette du mort et ils avaient vu qu'il était aussi mince et lisse qu'un jeune homme... Et dire qu'une quelconque valvule, quelque part dans le cœur, une veine d'un millimètre... L'oncle songeait, sans doute, en disant cela, que le défunt et lui étaient nés de la même mère, et qu'il avait probablement dans le cœur exactement la même valvule que son frère, décédé il y a une semaine.

... Le jour suivant, ils vinrent, timidement d'abord, puis avec le tremblement d'un désespoir longtemps contenu, solliciter auprès de Boris des recommandations pour entrer dans un syndicat. À cause de la situation qu'ils avaient occupée autrefois, aucun des Ehrlich n'avait été admis dans un syndicat.

Leur vie était d'une tristesse indicible, leurs maisons tombaient en ruine, les toitures prenaient l'eau, ils avaient tout vendu, même leurs armoires, on refusait de leur donner un emploi, mais quand on calculait leur loyer et leur redevance pour l'eau, on les assimilait à des gens qui ne travaillent pas pour gagner leur vie. De plus, ils étaient tous vieux et souffraient d'affreuses maladies, signes avant-coureurs du cancer et du tabès, comme c'est le cas dans toutes les vieilles familles juives sur le point de s'éteindre. Boris avait depuis longtemps une théorie toute prête pour n'importe quelle sorte de gens - hâter leur disparition lui paraissait juste -, mais ici il avait sa mère auprès de lui, ce visage semblable au sien, ce corps pareil à ce que serait son propre corps dans vingt ou trente ans, et il y avait aussi, provoqué par la présence toute proche de sa mère, le sentiment de la destinée, de leur destin solidaire, du destin de leurs corps d'Ehrlich, en quelque sorte tous identiques. Il fit un effort sur lui-même et se rendit chez le président du comité exécutif. Ce dernier, un ouvrier de Saint-Pétersbourg, semblait l'avoir attendu toute sa vie pour lui raconter combien était ingrate la tâche des comités exécutifs dans cette maudite région, anciennement zone de « résidence forcée pour les Juifs[1] », combien il était difficile de redonner vie à ces bourgades de l'Ouest et de jeter les bases d'une prospérité nouvelle dans les maudites bourgades juives de ce maudit Sud-Ouest. Pendant plusieurs jours, Boris eut sous les yeux le cimetière de sa ville natale et les regards suppliants de ses oncles qui avaient été des commis voyageurs débrouillards et qui rêvaient maintenant d'entrer dans un syndicat ou de s'inscrire à la Bourse du Travail. Quelques jours passèrent ainsi. L'automne avait remplacé l'été de la Saint-Martin. La pluie se mit à tomber. Formant une sorte de béton, de la boue mélangée à des cailloux descendait des collines. L'antichambre de la maison était pleine d'eau. Sous les fentes du plafond on avait posé des récipients rouillés et les casseroles qui servent pendant la Pâque. Quand on traversait le vestibule, il fallait marcher avec précaution pour ne pas mettre le pied dans un pot.

— Partons, dit alors Boris à sa mère.

— Où ?

— À Moscou, maman.

— N'y a-t-il pas sans nous déjà assez de Juifs à Moscou ?

— Ce sont des bêtises, dit Boris, ne fais pas attention à tout ce qu'on raconte.

1. Une loi promulguée par Catherine II, à la fin du XVIIIe siècle, institua pour les Juifs la résidence forcée dans certaines zones délimitées de la Russie.

Elle restait assise dans son coin, dans l'entrée dont le plafond fuyait, près de la fenêtre d'où elle pouvait voir les pavés ébréchés, la maison croulante du voisin, et trente années de sa vie. Assise à cette fenêtre, elle s'apitoyait, avec des larmes sincères et la commisération passionnée des vieillards, sur ses sœurs, ses beaux-frères et ses neveux à qui le destin n'avait pas donné un fils comme le sien. Esther s'était attendue à ce que, tôt ou tard, son fils lui parle de Moscou, et elle savait qu'elle céderait. Mais elle fit tout pour se tourmenter elle-même et pour que l'affliction de son entourage imprègne sa reddition. Elle dit qu'elle était triste à mourir de partir seule, sans son mari qui avait tant rêvé de Moscou, tant désiré quitter ce coin maudit et passer en compagnie de son fils, dans cette nouvelle terre promise, le reste de sa vie, ces vieux jours dont on n'attend plus rien que la paix et le spectacle du bonheur des autres... Et maintenant il était couché dans sa tombe, sous la pluie qui était tombée à verse toute la nuit, alors qu'elle allait partir pour Moscou où les gens sont, paraît-il, heureux, gais, alertes, pleins de projets et d'occupations très particulières. Esther dit encore qu'elle trouvait dur d'abandonner toutes leurs tombes, celles de leurs pères et de leurs grands-pères, rabbins, *tsadiks*[1] et talmudistes, couchés sous les pierres grises traditionnelles. Jamais plus elle ne les verrait, et quelle ne sera pas la responsabilité de son fils, quand elle devra mourir sur une terre étrangère, au milieu d'hommes inconcevablement étrangers... Et puis, comment pourrait-elle se le pardonner, si vraiment elle vivait heureuse à Moscou ?... Ses mains aux longs doigts mous, déformés par la goutte, tremblaient, pendant qu'elle essayait d'imaginer combien il lui serait insupportable d'être heureuse à un pareil moment... Ses doigts déformés et moites

1. Voir note 1, p. 28.

tremblaient, des veines se gonflaient et battaient terriblement sur sa poitrine jaune, et la pluie tambourinait sur le toit de tôle... Pour la deuxième fois depuis l'arrivée de son fils, la vieille petite Juive, avec ses chaussons à bords élastiques, se mit à pleurer. Elle accepta de partir pour Moscou parce qu'il n'y avait pas d'autre endroit où aller et parce que son fils ressemblait tant à son mari, qu'elle ne pouvait pas se résoudre à le quitter - et du reste, son mari avait eu, comme tout le monde, des défauts et des petits secrets pathétiques qu'une épouse est seule à connaître, mais dont elle ne parle jamais.

3

C'est surtout à propos des bagages qu'il y eut des discussions. La mère voulait tout emporter, Boris insistait pour se débarrasser de tout et tout vendre. Mais il n'y avait pas d'acheteurs à Kréménetz, les habitants avaient d'autres soucis que d'acheter des meubles. Des revendeurs, pareils à des croque-morts, surgirent de Dieu sait où, comme des visiteurs de l'autre monde. C'étaient de sinistres individus qui offraient des sommes dérisoires, sous prétexte qu'ils seraient obligés de revendre la marchandise aux paysans. C'est alors que les parents vinrent à la rescousse. Remis de leur premier choc, ils commencèrent à rafler et à emporter chez eux tout ce qui leur tombait sous la main. Et comme, au fond, c'étaient des gens honnêtes et non des êtres cupides d'une rapacité mesquine, le spectacle de ce chapardage furtif était particulièrement triste et insupportable. Décontenancée, le visage couvert d'une rougeur maladive, la mère essaya bien de retenir une main qui se tendait, mais cette main tremblait tellement, elle était si moite de sueur, si ridée, si vieille avec sa bordure d'ongles cassés, qu'Esther recula, comprit tout en un éclair et fut épouvantée à la pensée que quelqu'un devrait empêcher ces larcins indécents, et que des gens avec qui elle avait grandi avaient perdu la tête et déménageaient les armoires et les draps de sa maison. Les bagages furent expédiés par express. Les parents ficelaient les ballots en pleurant. Maintenant ils avaient repris leurs esprits et, assis sur les paquets, ils déclaraient qu'eux, ils resteraient à Kréménetz, que jamais ils ne quitteraient la bourgade. La vieille femme fourra dans les ballots un tabouret de cuisine et une lessiveuse.

— Tu verras, dit-elle à son fils, nous aurons besoin de tout ça à Moscou. Et puis, je ne peux pas accepter que de soixante années de ma vie, il ne me reste rien d'autre que des cendres dans le cœur et des larmes qui coulent même quand je ne veux plus pleurer...

Lorsqu'on expédia les effets à la gare, des taches apparurent de nouveau sur les joues creuses de la vieille femme, et ses yeux se mirent à briller avec une intensité aveugle et passionnée. Elle courait dans son logement bouleversé et sali, une force poussait ses vieilles épaules tremblantes le long des murs d'où pendaient des lambeaux de papiers peints.

Le matin du départ, Esther emmena ses enfants au cimetière. Des rabbins, tués par Honta[1] et Khmelnitzki, étaient enterrés là, sous les dalles talmudiques, entre les chênes centenaires. La vieille femme s'approcha de la tombe de son mari, tressaillit et se redressa.

— Marius, dit-elle d'une voix brisée, ton fils m'emmène à Moscou... Ton fils ne veut pas qu'on m'enterre à côté de toi...

Elle ne quittait pas des yeux le monticule rougeâtre de terre poreuse et friable, et ses prunelles se dilataient toujours davantage. Son fils et sa fille la tenaient fermement

1. Ivan Honta : chef cosaque qui massacra les Juifs au XVIIIe siècle.

par le bras. La vieille femme vacilla, trébucha légèrement en avant, ferma les yeux ; ses mains sèches, qu'elle avait abandonnées à ses enfants, se raidirent, se couvrirent de sueur, puis devinrent toutes molles. Ses yeux se dilataient toujours et rayonnaient de lumière. Elle s'arracha à l'étreinte de ses enfants et s'abattit sur la tombe, dans sa robe de soie. Tout son corps était secoué de convulsions, tandis qu'une de ses mains caressait, avec une tendresse avide, la terre jaune et les fleurs bruissantes.

— Ton fils m'emmène à Moscou, Marius - sa voix aiguë retentissait dans le cimetière juif. — Prie pour qu'il soit heureux, Marius...

Elle promena ses doigts recourbés et emmêlés, comme si elle tricotait, sur la terre qui recouvrait son défunt mari, et quand son fils lui donna la main, elle se leva docilement et s'en alla avec lui. Boris marchait le long d'une allée couverte par les branches des chênes et sentait tout son être se soulever et brûler sous la pression des larmes contre ses orbites et dans sa gorge. Il connut pour la première fois le goût des larmes qui ne coulent pas et restent en vous pour toujours. Près du portail, la vieille femme s'arrêta. Elle libéra une de ses mains, ruisselante d'une sueur qui jaillissait, telle une source souterraine, tantôt brûlante, tantôt froide comme la glace, et elle fit un geste d'adieu au cimetière et à la tombe, comme s'ils s'éloignaient d'elle.

— Adieu, mon ami, dit-elle à voix basse, sans pleurer ni trembler, adieu...

C'est ainsi que la famille Ehrlich quitta sa bourgade natale.

4

Boris emmena sa famille par le rapide de Sébastopol. Il avait pris des places en première classe.

Ce fut le *balagoula*[1] Boïtchik, célèbre autrefois dans toute la bourgade à cause de ses histoires drôles et de ses énormes chevaux noirs, qui les conduisit à la gare. Il n'avait plus ces chevaux-là, sa vieille voiture délabrée était tirée par une gigantesque rosse blanche dont la lèvre rose pendait. Boïtchik aussi était devenu vieux et perclus de rhumatismes.

— Attention, Boïtchik, dit Esther, s'adressant au petit dos rond, quand la voiture s'arrêta devant la gare, je reviendrai l'an prochain. Tâche d'être guéri à ce moment-là !...

Le dos de Boïtchik se voûta encore davantage. La rosse blanche posait dans la boue ses pieds raides aux articulations enflées. Boïtchik se retourna et montra ses paupières sanguinolentes, sa ceinture entortillée et les touffes de cheveux poussiéreuses qui sortaient de son visage ratatiné.

— Ça m'étonnerait, madame Ehrlich, dit-il, et soudain il se mit à hurler : On rentre de la foire, allez, on rentre !...

Le wagon de première avait été fait à partir de plusieurs voitures d'avant-guerre. Par les larges fenêtres vitrées, Esther vit, pour la dernière fois, la foule de ses parents, les pardessus rouille, les bandes molletières, les pèlerines mal coupées, ses vieilles sœurs avec leurs gros seins désormais inutiles, son beau-frère Samuel, l'ancien commis voyageur, avec son visage enflé et contracté, son beau-frère Efime, l'ancien richard avec des bandes molletières autour de ses vieilles jambes sèches de sans-logis. Ils se bousculaient sur le quai et lui crièrent quelque chose quand le train démarra. Sa sœur Génia courait le long des wagons...

[...[2]]

Il lui montra la Russie avec autant de fierté et d'assurance que si ce pays avait été créé par lui, Boris Ehrlich, et

1. Voiturier (mot hébreu).
2. Il manque une page du manuscrit.

lui appartenait. Du reste c'était vrai, dans une certaine mesure, car dans tout ce qu'ils voyaient, les wagons internationaux, les sucreries récemment bâties et les gares reconstruites, il y avait une goutte de miel, ou de sang, apportée par ce commissaire d'un corps de la Cavalerie Rouge. [...[1]]

Le soir, il demanda du linge pour eux tous et leur montra avec une fierté enfantine comment on allume la veilleuse bleue. Radieux, il leur révéla le secret de la petite armoire d'acajou, un lavabo installé dans le compartiment. Couchée entre les larges draps frais, bercée par le balancement onctueux des ressorts, Esther scrutait les ténèbres bleues et écoutait la respiration de son fils, qui poussait des cris et s'agitait dans son sommeil. Elle songeait que quelqu'un avait forcément dû payer pour ce palais éclairé par des lustres, chauffé par des tuyaux de cuivre étincelants et lancé à toute vitesse à travers la Russie. C'était une pensée juive. Elle n'était pas venue à l'esprit de Boris. En arrivant à Moscou, il se demandait encore avec inquiétude si Aliocha Sélivanov avait bien reçu son télégramme et s'il était venu les attendre à la gare en voiture. Mais Aliocha avait reçu le télégramme. Il était là avec une automobile, la nouvelle Packard de trente mille roubles de l'état-major général de l'Armée Rouge. Elle emmena les Ehrlich au logement que Boris tenait prêt depuis longtemps dans l'Ostojenka. Aliocha avait même apporté quelques meubles dans l'appartement de son camarade. Là, dans ces deux pièces, une suite inépuisable de plaisirs nouveaux attendait la vieille femme et ne lui laissa pas le temps de reprendre ses esprits. Son fils la conduisit dans la cuisine avec son fourneau à gaz, dans la salle de bains équipée d'un chauffe-eau, et il lui montra les garde-manger aérés. Les pièces étaient magnifiques. Elles

1. Une demi-page du manuscrit a été barrée.

constituaient une partie de l'appartement occupé avant la révolution par l'adjoint au général-gouverneur de Moscou. Pendant qu'il entraînait sa mère à travers les cuisines, les salles de bains et les entresols de cet appartement princier, Boris accomplissait, sans s'en rendre compte, la mission à laquelle le prédestinait son antique sang juif. Le cimetière et la tombe de son père malchanceux, qui n'avait rien vu de tout cela, avaient réveillé en lui l'esprit de famille fort et passionné, qui cimente le peuple juif depuis tant de siècles. À trente-trois ans, obéissant à ces impératifs ancestraux, il se sentit à la fois père, époux et frère, défenseur de ces femmes, leur nourricier et leur soutien, et il le sentit avec passion, avec le serrement de cœur douloureux et têtu caractéristique de son peuple. Il était tourmenté par la pensée que son père n'avait pas vécu pour voir cette prospérité nouvelle, et il voulait réparer la faute de son retard en prenant le sort de sa mère et de sa sœur entre ses mains solides. Et si, entre ces mains-là, les deux femmes connaissaient une existence meilleure qu'autrefois, avec le père, c'était uniquement parce que telle est l'impitoyable loi de la vie.

5

Étudiant à l'Institut Psychoneurologique - car, avant la révolution, il y avait un *numerus clausus* pour les Juifs dans tous les autres instituts d'études supérieures - Boris Ehrlich avait passé l'été de 1917 auprès de sa famille, dans la bourgade. Parcourant à pied les villages des environs en pleine effervescence, il expliquait aux paysans les principes de la doctrine bolchevique. Le nez busqué des Ehrlich nuisait un peu à cette propagande, mais pas trop, car en 1917 on s'occupait d'autre chose que du nez des gens. En ce même été, Aliocha, le fils d'un comptable au conseil du zemstvo, revint de Verkhoïansk où il avait été exilé. Tout en se remettant de son emprisonnement et en avalant les liqueurs et les chaussons aux cerises de ses parents, Aliocha découvrit que les Sélivanov descendaient de Sélikha, un colonel des Cosaques Zaporogues. Dans les archives locales, il trouva même une lithographie représentant son ancêtre en manteau de cavalerie, tenant la masse d'armes, insigne de sa fonction, et monté sur un cheval. Le portrait portait une inscription en latin à moitié effacée. Aliocha assurait qu'il reconnaissait l'écriture d'Orlik, chancelier ukrainien sous Mazeppa. Ces recherches romantiques coexistaient chez Aliocha avec son appartenance au parti des socialistes révolutionnaires. L'exemple de Jéliabov, Kibaltchitch et Kaliaïev[1] était constamment devant ses yeux. À vingt et un ans, Aliocha avait une vie bien remplie. Ehrlich, l'étudiant au nom bizarre et au nez busqué, stimula sa ferveur juvénile. Ils se lièrent d'amitié et Aliocha devint un bolchevik quand il s'avéra qu'il n'y avait pas de parti au monde au sein duquel on aurait à se battre, à détruire et à construire, davantage que dans ce parti si pénétré de zèle mathématique et savant. Ehrlich s'était chargé de lui procurer des livres et le *Manifeste communiste*. Après la révolution, Aliocha réunit ses amis de la bourgade, un Juif de dix-neuf ans, opérateur au cinéma *Les sortilèges*, un autre Juif, forgeron, quelques anciens sous-officiers déserteurs et des jeunes du village voisin. Il leur procura des chevaux et ce détachement devint le régiment insurgé des Cosaques rouges d'Ukraine. Un sous-officier fut nommé chef d'état-major. Boris devint commissaire politique. Comme on se battait pour une cause visiblement juste, dans le régiment d'Aliocha, et que les soldats y

1. Membres influents de la « Volonté du Peuple », et terroristes.

vivaient en bonne intelligence, mouraient la tête haute et racontaient des histoires à dormir debout, de nouvelles recrues venaient continuellement grossir les rangs du détachement. Il connut le sort des petits ruisseaux qui confluèrent pour former l'Armée Rouge. Le régiment devint une brigade, la brigade une division, on se battit contre les Bandes Vertes[1], contre Petlioura[2], contre les Volontaires de Wrangel, contre les Polonais. Les régiments comportaient maintenant des sections politiques, une intendance, des tribunaux et une commission du butin de guerre. Aliocha participa à la campagne contre Wrangel en qualité de commandant de corps d'armée. Il avait alors vingt-quatre ans. Dans les journaux étrangers, on écrivait de Boudienny[3] et d'Alexeï qu'ils avaient inventé une tactique et une stratégie nouvelles dans la guerre de cavalerie. Les membres de l'Académie militaire se mirent à étudier les raids éclair d'Alexeï Sélivanov. Les étudiants de l'Académie résolvaient des problèmes tactiques en étudiant les opérations du corps des Cosaques ukrainiens. Sélivanov et son inséparable commissaire, envoyés à l'Académie, étudiaient avec les autres leurs propres opérations.

À Moscou, ils formèrent une commune avec l'ex-opérateur de cinéma et un ancien sous-officier. Ici, comme dans leur corps d'armée, Boris Ehrlich plaçait très haut la loyauté et le sens de la camaraderie. Peut-être parce que les gens de sa race avaient été privés si longtemps du meilleur des sentiments humains - l'amitié en campagne et au combat -, Boris ressentait une faim d'amitié et de

1. Partisans qui se battirent contre les Blancs et contre les Rouges pendant la guerre civile.

2. Un des dirigeants du Parti social-démocrate ukrainien. Il lutta contre les bolcheviks.

3. Maréchal depuis 1935, il commanda la 1re armée de cavalerie pendant la guerre civile.

camaraderie, un besoin de protéger ses camarades, de leur être fidèle, un attachement si douloureusement passionné, que son amitié avait parfois une ardeur morbide. Mais cette ardeur, cette attitude chevaleresque, cette abnégation avaient quelque chose d'attirant et de noble, si bien que l'appartement de Boris était devenu le club de ceux qu'on avait surnommés les « maréchaux rouges ». Ce club devint véritablement somptueux lorsque, à la place de la vodka et du saucisson de la Société Coopérative d'Alimentation de Moscou, on commença à y servir du poisson farci à la juive. Au lieu de l'habituelle théière en fer-blanc, le samovar apporté de Kréménetz fit son apparition sur la table, et une main rassurante de vieille femme versait le thé. Pendant des années, Alexeï Sélivanov et ses commandants de brigade n'avaient pas vu une vieille femme assise derrière un samovar. Ce changement leur plut. La vieille femme était douce, craintive, et silencieuse comme une souris, mais dans son poisson farci et dans ses doigts qui s'affairaient autour du samovar, on sentait toute l'essence du peuple juif, son authentique et véhémente passion.

6

Au début, des nuages s'amassèrent au-dessus de l'Ostojenka, à cause de ce poisson. Une locataire, la femme d'un professeur, déclara, dans la cuisine, que l'appartement était complètement empuanti, une vraie malédiction ! Et, en effet, depuis l'arrivée des Ehrlich, des relents d'ail et d'oignon frit flottaient jusque dans l'entrée...

1934 ?

SOULAK

En 1922, la bande de Goulaï fut détruite dans la région de Vinnitsa. Adrian Soulak, un instituteur de village, était son chef d'état-major. Il réussit à filer à l'étranger, en Galicie, et peu de temps après, la nouvelle de sa mort parut dans les journaux. Six ans après ce communiqué, nous apprîmes que Soulak était vivant et qu'il se cachait en Ukraine. Nous fûmes chargés, Tchernychov et moi, de le retrouver. Munis de papiers certifiant que nous étions des zootechniciens, nous partîmes pour Khochtchevatoyé, le village natal de Soulak. Le président du soviet de ce village se trouva être un soldat de l'Armée Rouge démobilisé, un brave type un peu simplet.

— Ici vous aurez du mal à obtenir un pot de lait, nous dit-il, dans ce village on bouffe les gens tout vifs...

Pendant qu'il l'interrogeait sur un endroit où loger, Tchernychov amena la conversation sur la maison de Soulak.

— Peut-être que cette veuve a une chambre pour vous, dit le président.

Il nous emmena au bout du village dans une maison couverte de tôle ondulée. Dans la pièce principale, une naine en blouse blanche flottante était assise devant un monceau de toile. Deux petits garçons en vêtements de l'orphelinat lisaient un livre en inclinant leur crâne rasé. La tête enflée et blanchâtre, un bébé dormait dans un berceau. Une propreté froide et monastique régnait dans la pièce.

— Kharitina Térentievna, dit le président d'une voix hésitante, je veux installer de braves gens chez toi...

La femme nous montra la chambre et retourna à sa toile.

— Cette veuve ne refusera pas, dit le président, quand nous fûmes sortis, vu la situation dans laquelle elle est...

Jetant des regards autour de lui, il raconta que Soulak avait servi autrefois chez les « jaunes et bleus[1] » et qu'il était passé ensuite chez le pape de Rome.

— Le mari est chez le pape de Rome, mais la femme amène tous les ans un enfant dans la maison...

— Forcément, c'est la vie, répondit le président. - Il aperçut un fer à cheval sur la route et le ramassa. — Il ne faut pas croire, parce qu'elle est anormalement petite ; cette veuve a assez de lait pour cinq. Les autres femmes lui empruntent du lait...

Chez lui, le président fit cuire une omelette au lard et sortit une bouteille de vodka. Quand il fut ivre, il grimpa sur le poêle. Nous entendîmes des chuchotements et des pleurs d'enfant venir de là-haut.

— Hanna, mon petit, je te le jure, marmonnait notre hôte, je te jure que j'irai voir la maîtresse demain...

— Assez bavardé, cria Tchernychov couché à côté de moi, tu empêches les autres de dormir...

1. Nationalistes ukrainiens.

Le président apparut, ébouriffé, en haut du poêle. Le col de sa chemise était déboutonné, ses jambes nues pendaient.

— À l'école, la maîtresse leur a donné des lapins à élever, dit-il sur un ton d'excuse. La petite a reçu une femelle, mais pas de mâle… La lapine est restée longtemps chez nous, mais maintenant avec le printemps, forcément, c'est la vie, elle s'est sauvée dans la forêt. Hanna, mon petit, s'écria soudain le président, en se tournant vers la fillette, demain j'irai voir la maîtresse, je t'apporterai un couple, nous lui ferons une cage…

Le père et la fille parlèrent encore longtemps, sur le poêle, il continuait à crier « Hanna, mon petit » de temps en temps, puis il s'endormit. Tchernychov se tournait et se retournait dans le foin, à côté de moi.

— Allons-y, dit-il.

Nous nous levâmes. La lune brillait dans un ciel limpide, sans le moindre nuage. Une légère couche de glace printanière couvrait les flaques. Le potager de Soulak était hérissé de tiges de maïs dénudées, et jonché de morceaux de ferraille. Une écurie était contiguë au potager, de légers bruits en sortaient, de la lumière apparaissait dans les interstices des planches. Tchernychov s'approcha du portail à pas de loup, pesa dessus, le verrou céda. Nous entrâmes et nous vîmes une fosse ouverte au milieu de l'écurie ; un homme était assis au fond. La naine se tenait au bord de la fosse, un bol de borchtch à la main.

— Bonjour Adrian, dit Tchernychov, tu allais souper ?

Lâchant le bol, la naine se précipita sur moi et me mordit la main. Ses dents se serrèrent convulsivement, elle tremblait et gémissait. Un coup de feu partit de la fosse.

— Adrian, dit Tchernychov en sautant en arrière, nous te voulons vivant…

En bas, Soulak manipulait la culasse de son fusil ; la culasse claqua.

— On te parle comme à un être humain, dit Tchernychov et il tira.

Soulak s'appuya contre la paroi jaune aplanie, il la racla, du sang jaillit de sa bouche et de ses oreilles.

Tchernychov resta pour monter la garde. Je courus chercher le président. Nous emportâmes le corps cette même nuit. Les petits garçons marchaient à côté de Tchernychov sur la route mouillée qui luisait faiblement. Les pieds du mort, chaussés de souliers polonais à semelles cloutées, dépassaient de la charrette. La naine était assise, immobile, au chevet de son mari. Dans la lumière assombrie de la lune, son visage à l'ossature heurtée paraissait métallique. Un enfant dormait sur ses petits genoux.

— Il paraît que t'es une bonne laitière, dit soudain Tchernychov qui cheminait sur la route, je t'en ferai voir du lait !...

Publié en 1937.

TEXTES DIVERS
(SIX ARTICLES ET UNE INTERVIEW)

MOSAÏQUE

Ce dimanche-là, journée de repos et de printemps, le camarade Spitzberg faisait une conférence dans les salles du Palais d'Hiver. Il l'avait intitulée « Le Christ miséricordieux et la vomissure du christianisme anathème ».

Quand il parle de Dieu, le camarade Spitzberg dit « Monsieur » Dieu, les prêtres, il les appelle des popes, des corbeaux et, le plus souvent, des bedonneux (du mot « bedon »). Il qualifie toutes les religions de boutiques de charlatans et d'exploiteurs, couvre d'injures les papes de Rome, les évêques, les archevêques, les rabbins israélites et même le dalaï-lama du Tibet, « dont les excréments passent pour avoir des vertus curatives aux yeux des masses tibétaines abruties ».

Dans un coin d'une des salles, un employé est assis à l'écart. Il est rasé, maigre, l'air tranquille. Autour de lui, un petit groupe de gens : des femmes, des ouvriers satisfaits de leur sort, des soldats désœuvrés. L'employé parle de Kérenski, des bombes qui explosaient sous les planchers, des ministres acculés aux murs lisses des couloirs sonores et sombres, des plumes qui s'échappaient des oreillers d'Alexandre III et de Marie Fiodorovna.

Une vieille femme interrompit ce récit en demandant :

— C'est où la conférence, mon bon monsieur ?

— L'Antéchrist est dans la salle Nicolas, répondit l'employé avec indifférence.

Un soldat qui se trouvait là éclata de rire.

— L'Antéchrist est dans l'autre salle et toi, tu restes là à baratiner...

— Je n'ai pas peur, répondit l'employé avec la même indifférence que la première fois, je vis avec lui jour et nuit.

— Alors tu dois bien t'amuser...

— Non, dit l'employé, en levant sur le soldat des yeux délavés, je ne m'amuse pas. Avec lui, la vie n'est pas drôle.

Et le vieillard raconta d'un ton morne aux gens amusés que son diable était courtaud et peureux, qu'il portait des galoches et débauchait en douce les collégiennes.

On ne laissa pas le vieux finir son histoire. Des camarades de travail l'emmenèrent en déclarant qu'après Octobre il était devenu « un peu timbré ».

Je m'éloignai, pensif. Ce vieillard, pourtant, il avait vu le tsar, l'émeute, le sang, la mort, le duvet échappé des coussins impériaux. Et puis voilà que l'Antéchrist était venu chez le vieux et que le diable n'avait rien trouvé d'autre à faire sur la terre que de rêver à des collégiennes et de rôder dans le quartier de l'Amirauté, en tâchant de ne pas se faire prendre.

Ils ne sont pas drôles, nos diables.

Le sermon de Spitzberg sur l'assassinat de « Monsieur » Dieu n'a visiblement pas de succès. L'auditoire est apathique, les applaudissements clairsemés.

C'était tout autre chose, il y a une semaine, après une

causerie du même genre comportant « quelques paroles brèves, mais antireligieuses ». Quatre personnes s'étaient distinguées à cette occasion, un marguillier, un sacristain malingre, un colonel en retraite coiffé d'un fez et un gros boutiquier de la Galerie marchande. Ils avaient assiégé la chaire, suivis par une foule de femmes et de commis dont le silence était lourd de menace.

Le sacristain avait commencé sur un ton doucereux :

— Il faut prier, mes amis.

Et terminé dans un murmure :

— Il y en a qui veillent, mes amis. Récemment nous avons prêté serment au sépulcre du Père Ioann[1]. Organisez-vous dans vos paroisses, mes amis.

Redescendu de la chaire, le sacristain avait ajouté en plissant les yeux, son corps maigre tremblant de colère :

— C'est fou ce que tout est astucieusement combiné, mes amis. Les rabbins, tenez, les rabbins, personne n'en pipe mot…

Sur ce, la voix du marguillier se mit à tonner :

— Ils ont tué l'esprit de l'armée russe.

Le colonel au fez criait : « Nous ne le tolérerons pas ! », le boutiquier hurlait : « Filous ! » à tue-tête, avec obstination. Des femmes en cheveux, ébouriffées, se pressaient autour des ecclésiastiques qui rigolaient tout bas. On chassa le conférencier de l'estrade. Deux ouvriers, membres de la Garde Rouge, blessés plusieurs fois devant Pskov, furent acculés contre un mur. L'un d'eux criait en agitant le poing :

— Nous voyons clair dans votre jeu. À Kolpino, ils disent les vêpres jusqu'à deux heures du matin. Le pope a imaginé

1. Ioann de Kronstadt, confesseur d'Alexandre III. Les fidèles lui attribuaient le pouvoir de faire des miracles et venaient en pèlerinage à son église de Kronstadt.

un nouveau genre d'office, un meeting à l'église... Nous allons les faire crouler, vos coupoles...

— Tu ne feras rien du tout, maudit ! répondit une femme d'une voix sourde, en reculant d'un pas et en se signant.

Dans la cathédrale Notre-Dame de Kazan, pendant la Passion, le peuple est debout, des cierges allumés à la main. L'haleine des gens fait vaciller les petites flammes jaunes et brûlantes. La haute nef est pleine de monde d'un bout à l'autre. L'office dure extraordinairement longtemps. Le clergé en mitres étincelantes déambule dans l'église. Des ampoules électriques ont été disposées avec art derrière le crucifix. On dirait que le Crucifié est étendu dans le bleu profond d'un ciel étoilé.

Dans son sermon, le prêtre évoque la Sainte Face inclinée à nouveau sous le poids d'une insupportable douleur, les crachats, les soufflets, le sacrilège commis par des ignorants « qui ne savent pas ce qu'ils font ». Les paroles du sermon sont douloureuses, obscures, lourdes de sens. « Serrez-vous autour de l'Église, notre dernier rempart, car il ne nous trahira pas. »

À la porte de la cathédrale, une petite vieille prie. Elle me dit affectueusement :

— Ce qu'il chante bien, ce chœur, et les beaux offices qu'on nous fait maintenant !... Dimanche dernier, c'est le métropolite qui a célébré... Jamais il n'y avait eu une magnificence pareille... Même les ouvriers de notre usine vont à l'église... Les gens sont fatigués, ils ont eu trop de tracas, ils n'en peuvent plus ; mais à l'église, c'est calme, il y a les chants, on se repose...

1918.

LES « ÉVACUÉS »

Il y avait une fois une usine, et dans cette usine régnait l'injustice. Pourtant, au temps de l'injustice, les cheminées fumaient, les volants tournaient sans bruit, l'acier étincelait, les bâtiments étaient secoués par le tremblement tonitruant du travail.

Vint la justice. On l'instaura mal. Bientôt il n'y eut plus d'acier. On se mit à licencier les gens. Perplexes et apathiques, ils se laissaient transporter vers les gares et ramener des gares.

Soumis à une loi inexorable, les travailleurs errent, de nos jours, sur la terre, nul ne sait pourquoi, comme de la poussière sans valeur pour personne.

Il y a quelques jours, on a procédé à l'« évacuation » des chantiers de la Baltique. On a entassé quatre familles de travailleurs dans un wagon. On a placé ce wagon sur un bac que l'on a mis à flot. Je ne sais si le wagon était bien ou mal arrimé au bac. Certains affirment qu'il ne l'était pour ainsi dire pas du tout.

Hier j'ai vu ces quatre familles « évacuées ». Elles étaient couchées côte à côte à la morgue. Vingt-cinq cadavres. Dont quinze enfants. Leurs noms de famille sont tous appropriés à ce genre de mornes catastrophes : Kouzmine, Koulikov, Ivanov. Personne n'avait plus de quarante-cinq ans.

Toute la journée, des femmes venues de l'île Vassilievski[1] et du faubourg de Vyborg[1] se sont bousculées à la morgue, entre les cercueils blancs. Leurs visages étaient aussi gris que ceux des noyés.

Elles pleuraient peu. Ceux qui vont dans les cimetières savent que, chez nous, on ne pleure plus aux enterrements. Les gens sont toujours pressés, désemparés. De petites pensées mesquines et lancinantes leur taraudent sans relâche le cerveau. Les femmes s'apitoyaient surtout sur les enfants et déposaient des billets de cinq kopecks sur leurs petites mains croisées. La poitrine d'une des mortes, qui tenait encore serré contre elle un bébé de cinq mois asphyxié, était toute couverte d'argent.

Je suis sorti. Près du portillon, dans un petit cul-de-sac, deux vieilles courbées étaient assises sur un banc pourri. Leurs yeux larmoyants et incolores suivaient les gestes du concierge, un homme de haute taille, occupé à allumer un feu pour faire fondre la neige noire et poreuse. Des ruisseaux sombres se répandaient sur la terre gluante.

Les vieilles femmes se chuchotaient les petites nouvelles de leur vie quotidienne. Le fils du menuisier s'est engagé dans les Gardes Rouges et il a été tué. Il n'y a pas de pommes de terre au marché, et il n'y en aura pas de sitôt. Un Géorgien a emménagé dans l'immeuble, il vend des bonbons et vit avec la fille d'un général, une petite étudiante qu'il a séduite, il boit de la vodka avec la milice et l'argent lui arrive de partout.

1. Quartiers ouvriers de Petrograd.

Ensuite l'une des vieilles a raconté, avec des mots de bonne femme ignorante et fruste, pourquoi vingt-cinq personnes sont tombées dans la Neva.

Les ingénieurs étaient tous partis des usines. Les Allemands[1] disaient que la terre était à eux. Les gens ont traîné un moment sans savoir quoi faire, et puis ils ont quitté leur logement, les uns après les autres, pour retourner chez eux. Les Koulikov, ma petite mère, ils voulaient partir pour Kalouga. Ils se sont mis à construire un radeau. Trois jours ils y ont travaillé. Il y en a qui se saoulaient, d'autres en avaient gros sur le cœur, ils restaient là, sans rien faire, à réfléchir. Seulement il n'y avait plus d'ingénieurs, et les gens, ils ne s'y connaissaient pas. Une fois leur radeau terminé, le voilà parti sur l'eau, tout le monde se disait adieu. Le fleuve est devenu mauvais, les gens ont coulé avec les petits enfants, les femmes et tout... Mais on les a joliment bien arrangés, huit mille roubles qu'on a donnés pour l'enterrement, il faut voir le bel office qu'on va leur célébrer, et les cercueils, tous tapissés de brocart glacé !... On a vraiment fait bien de l'honneur aux travailleurs...

1918.

1. Depuis 1914, la Russie avait subi une longue suite de défaites. Les armées allemandes avaient envahi des territoires en Lettonie et en Estonie, en 1917, et menaçaient Petrograd.

UN FAMEUX ÉTABLISSEMENT

Pendant la « révolution sociale », personne n'a eu de meilleures intentions que le Commissariat du Peuple à l'Assistance publique. Ses projets étaient audacieux. Les tâches les plus importantes lui furent confiées : provoquer sans délai une explosion dans les cœurs, instaurer par décret le règne de l'amour, préparer les citoyens à une vie digne dans des communes libres. Le Commissariat a poursuivi son but par des voies qui n'avaient rien de tortueux.

Du Commissariat à l'Assistance publique relèvent des institutions qui ont reçu le nom maladroit d'« asiles pour les mineurs inculpés d'actes socialement dangereux ». Ces asiles devaient être créés sur des bases nouvelles, conformément aux données les plus récentes de la psychologie et de la pédagogie. C'est justement ainsi, suivant des principes tout à fait nouveaux, que les projets du Commissariat ont été réalisés.

À un des postes d'administrateur, on a nommé un médecin de Mourman dont personne n'avait jamais entendu parler. Ailleurs on a choisi pour occuper ce poste un petit employé des chemins de fer, également de Mourman. Ce réformateur de la société est actuellement traduit en justice pour concubinage avec les pupilles de l'Assistance, et pour avoir librement dépensé les fonds de la commune libre. Les requêtes qu'il envoie sont pleines de fautes d'orthographe (c'est pourtant le directeur de l'asile !), chicanières, et sentent à plein nez l'inspecteur de police d'avant la révolution. Il affirme être « dévoué corps et âme à la sainte cause du peuple » et avoir été trahi par les « contre-révolutionnaires ». Ce grand homme avait demandé un poste au Commissariat à l'Assistance publique « en attirant l'attention sur sa personnalité politique, comme militant du parti et bolchevik ». Et c'est tout ce qui fut jugé nécessaire pour éduquer des enfants délinquants.

Les autres éducateurs de l'établissement sont : une Lettonne parlant mal le russe qui a étudié quatre ans on ne sait où ; un ancien danseur qui, après des études dans une « école naturelle », a passé trente ans dans les ballets ; un ancien de l'Armée Rouge qui, avant d'être soldat, était commis dans un magasin de thé ; un employé de bureau de Mourman sachant à peine lire et écrire, une employée de bureau également de Mourman.

Aux petits garçons de l'asile ont été affectés en outre cinq « gouverneurs ». (Quelle expression bien communiste !)

Des personnalités officielles ont caractérisé leur travail en ces termes : « Ils sont de service un jour, puis dorment un jour et se reposent encore un jour, ils font ce qu'ils jugent nécessaire, ils obligent n'importe qui à laver les planchers. » Il faut ajouter que l'un de ces asiles comptait vingt-trois employés pour quarante enfants.

Une inspection a montré dans quel état se trouve la comptabilité de ces employés dont beaucoup ont déjà été remis entre les mains de la justice. La plupart des comptes ne sont pas authentifiés par une signature. On ne peut pas savoir à quoi l'argent a été dépensé. Ceux qui ont touché de l'argent n'ont pas signé de reçu. Les feuilles de salaire ne mentionnent pas pour quelle période leur traitement a été payé aux employés. Les frais de transport d'un petit employé pour le seul mois de janvier de l'année en cours se sont élevés à quatre cent cinquante-cinq roubles.

Si vous vous présentez dans cet asile, voici ce que vous y trouverez. Aucun enseignement n'est donné aux enfants, 60 % d'entre eux sont presque illettrés. Il n'y a aucune espèce d'activité organisée. La nourriture consiste en une soupe aux racines et du hareng salé. Une affreuse puanteur imprègne les locaux, parce que les tuyaux des canalisations sont crevés. On n'a pas fait de désinfection, bien qu'il y ait eu dix cas de typhoïde chez les enfants assistés. Les maladies sont fréquentes. On m'a rapporté l'incident suivant : à onze heures du soir, on a amené un garçon qui avait un pied gelé. Il est resté couché dans le couloir jusqu'au matin, personne ne voulant s'occuper de lui. Les fugues sont fréquentes. La nuit, on oblige les enfants à aller tout nus dans les cabinets mouillés. On cache leurs habits par crainte des évasions.

Conclusion :

Les asiles du Commissariat à l'Assistance publique sont des trous nauséabonds qui ressemblent à s'y méprendre aux bureaux de police d'avant la réforme. Leurs administrateurs et leurs éducateurs sont des résidus de l'ancien régime, qui ont réussi à s'infiltrer dans les entreprises pour la « cause du peuple » sans avoir le moindre rapport avec l'Assistance publique et, dans l'immense majorité des cas, sans avoir reçu la moindre formation spéciale. À quel titre ils ont été engagés par le gouvernement des paysans et des ouvriers, c'est ce qu'on ignore.

Les enfants moroses aux pieds nus, les visages bouffis et boutonneux de leurs mentors maussades, les canalisations éclatées, tout cela je l'ai vu. En vérité, il n'y a rien de comparable à notre misère et à notre médiocrité.

1918.

LE PALAIS DE LA MATERNITÉ

On dit qu'il fut construit par Rastrelli[1].

Sa façade rouge foncé, égayée par des colonnes élancées, sûres caractéristiques, silencieuses et raffinées, de la Petropolis impériale, est moins solennelle que les palais des Youssoupov et des Stroganov, splendides dans leur perfection subtile et simple.

Le palais avait appartenu à Razoumovski[2]. On en avait fait ensuite un institut pour les jeunes orphelines de l'aristocratie. Les orphelines de bonne famille avaient une directrice. Cette femme occupait vingt-deux pièces bleu ciel, hautes de plafond et bien éclairées.

À présent Razoumovski n'existe plus, ni la directrice. Le long des couloirs dessinés par Rastrelli, huit femmes au ventre distendu se promènent en traînant leurs pantoufles, avec la démarche des femmes enceintes. Elles ne sont que

1. Architecte italien qui travailla au XVIIIe siècle pour la cour de Russie, dans les styles baroque et rococo italiens.
2. Favori de l'impératrice Élisabeth, fille de Pierre le Grand.

huit, mais le palais leur appartient. C'est d'ailleurs le nom qu'il porte : Palais de la Maternité.

Huit femmes de Petrograd au visage gris, aux jambes enflées à force de toujours courir. Leur passé : des mois de queue dans les coopératives de consommation, les sirènes des usines qui appellent leurs maris à défendre la révolution, l'angoisse atroce de la guerre et les convulsions de la révolution qui les emportent dans l'inconnu.

Dès maintenant, la légèreté inconsciente avec laquelle nous avons accumulé les destructions nous présente froidement la note sous forme de chômage et de famine. Les hommes qui reviennent du front n'ont pas de travail, leurs femmes n'ont pas les moyens de mettre au monde des enfants, les fabriques dressent vers le ciel leurs cheminées éteintes. Le tourbillon de papier - papier-monnaie et toutes sortes d'autres -, qui avait papillonné comme un mirage devant nos visages abasourdis, s'immobilise enfin. Et la terre continue à tourner. Des hommes meurent, des hommes naissent.

J'ai plaisir à parler de la petite flamme créatrice qui s'est allumée dans nos salles vides. C'est une bonne chose que le bâtiment de l'institut n'ait pas été affecté à des comités de confiscation et de réquisition. Une bonne chose aussi que de la soupe aux choux trop claire ne dégouline pas des tables blanches et qu'on n'entende pas ici, comme partout ailleurs, parler d'arrestations.

Cette maison s'appellera le Palais de la Maternité. Un décret stipule qu'elle aidera les femmes dans l'accomplissement de leur lourde et sublime tâche.

Le palais rompt avec la traditionnelle atmosphère de prison qui régnait à l'Assistance publique où les enfants mouraient ou, dans le meilleur des cas, devenaient des « pupilles ». Les enfants doivent vivre. Il faut les mettre au monde pour une meilleure organisation de la vie humaine.

Voilà l'idée. Elle doit être développée jusqu'au bout. Car il faut bien qu'un jour la révolution se fasse.

Épauler un fusil et se tirer les uns sur les autres, peut-être que parfois ce n'est pas stupide. Mais ce n'est encore pas toute la révolution. Qui sait, peut-être n'est-ce pas du tout la révolution.

Il faut mettre les enfants au monde dans de bonnes conditions. Et cela, je le sais avec certitude, c'est véritablement la révolution.

Le Palais de la Maternité a commencé à fonctionner il y a trois jours. Les soviets d'arrondissement y ont envoyé les premières patientes. La première pierre est posée. L'essentiel reste à faire.

On projette d'ouvrir une école pour les mères. Y viendront toutes celles qui voudront. On y enseignera l'hygiène, comment préserver la vie du bébé et de la mère. Ce sont des choses qu'il faut apprendre. Au début du siècle, il mourait dans nos maternités jusqu'à 40 % des femmes en couches. Ce chiffre n'est pas descendu au-dessous de 15 à 20 %. Actuellement la cachexie et l'anémie ont augmenté le nombre des décès.

Les femmes seront admises au Palais dans leur huitième mois de grossesse. Elles passeront les six semaines qui précèdent l'accouchement dans de bonnes conditions : repos, nourriture abondante et activité raisonnable. Aucuns frais. Mettre au monde des enfants, c'est rendre un service à l'État. L'État doit le payer.

Après l'accouchement, les mères restent au Palais pendant dix, vingt ou quarante-deux jours, jusqu'à leur complet rétablissement. Autrefois elles quittaient les maternités le troisième jour : « il n'y a personne pour s'occuper du ménage, faire à manger aux enfants... »

On envisage de créer une école d'aides familiales qui se

chargeront même du ménage des femmes en couches hébergées au Palais.

Les rudiments d'un musée-exposition existent déjà. La mère pourra y voir un bon lit de bébé tout simple, du linge, les aliments du premier âge, elle verra des moulages représentant les plaies causées par la syphilis et la variole, elle lira nos statistiques sur la mortalité infantile dont les chiffres nous sont déjà trop connus, mais qui restent néanmoins les premières de ce genre dans le monde. À l'exposition, elle pourra acheter pour une somme modique du linge, des langes, des médicaments.

Ce sont les embryons d'une idée, de l'idée révolutionnaire de « socialisation de la femme ».

Dans les vastes salles, les premières femmes, épouses de marins et d'ouvriers, sont arrivées. Les salles leur appartiennent. Elles doivent rester leur propriété et demeurer largement ouvertes à tous.

1918.

LES AVEUGLES

L'écriteau portait ces mots : « Asile pour les aveugles de guerre ». J'ai sonné à la haute porte de chêne. Pas de réponse. La porte était ouverte. Je suis entré et j'ai assisté à la scène que voici.

Un homme grand, les cheveux noirs, portant des lunettes fumées, descend un large escalier. Il agite devant lui une canne de jonc. L'obstacle de l'escalier est franchi avec succès. Une quantité de chemins s'ouvrent devant l'aveugle, des renfoncements, des recoins, des marches, des chambres sur le côté. La canne tapote doucement les murs lisses et mats qui luisent faiblement. L'aveugle garde sa tête immobile, renversée en arrière. Il avance lentement, cherche du pied une marche, trébuche et tombe. Un filet de sang barre son front bombé et blanc, contourne sa tempe et disparaît sous les lunettes rondes. L'homme aux cheveux noirs se soulève un peu, se mouille les doigts dans son propre sang et appelle à mi-voix : « Kabloukov ! » La porte de la chambre voisine s'ouvre sans bruit. Des cannes de jonc papillonnent devant moi. Ce sont les aveugles qui se portent au secours de leur camarade tombé. Quelques-uns ne le trouvent pas, se plaquent contre les murs et regardent en l'air de leurs yeux morts, les autres le prennent par le bras, le relèvent et, tête basse, attendent une infirmière ou un aide.

Une infirmière arrive. Elle reconduit les soldats dans leurs chambres respectives, puis elle m'explique :

— Cela arrive tous les jours. Cette maison ne fait pas notre affaire, mais alors pas du tout. Ce qu'il nous faudrait, c'est un bâtiment de plain-pied, tout sur le même niveau, et que les couloirs soient longs. Notre asile est un guet-apens : des marches, partout des marches... Tous les jours il y en a qui tombent...

Comme chacun sait, nos chefs font preuve d'un enthousiasme administratif tout particulier dans deux circonstances : quand il s'agit de se sauver ou bien de râler. En ces périodes où abondent les évacuations de toutes sortes et les déménagements ruineux, l'activité déployée par les autorités se colore d'affairement, d'entrain créateur et de cette volupté qui accompagne l'action.

On m'a raconté comment les aveugles furent évacués de l'asile.

Les malades avaient pris eux-mêmes l'initiative de partir. L'approche des Allemands[1], la peur de l'occupation les avaient plongés dans une agitation extraordinaire dont les raisons étaient multiples. La première, c'est que n'importe quelle angoisse est douce aux aveugles. Très vite ils se mettent dans un état de surexcitation irrésistible et l'ardeur nerveuse qui les pousse vers le but imaginé chasse pour quelque temps la mélancolie de leurs ténèbres. Leur

1. Voir note 1, p. 153.

deuxième raison de fuir, c'était la crainte particulière que leur inspiraient les Allemands. La majorité des aveugles recueillis à l'asile étaient revenus de captivité. Ils étaient fermement convaincus que si les Allemands arrivaient, ils les obligeraient à reprendre une activité, à travailler, à souffrir de la faim.

Les infirmières leur répétaient :

— Vous êtes aveugles, personne n'a besoin de vous, on ne vous fera rien...

Ils répondaient :

— Les Allemands ne nous épargneront pas, ils feront travailler tout le monde, nous avons vécu chez les Allemands, vous savez...

Cette anxiété était touchante et caractéristique des anciens prisonniers de guerre.

Les aveugles demandèrent à être emmenés vers le centre de la Russie. Comme cette affaire sentait l'évacuation, ils obtinrent rapidement l'autorisation. Et c'est alors que commença le principal.

Leurs visages émaciés empreints de résolution, les aveugles emmitouflés se rendirent en longues files dans les gares. Leurs accompagnateurs ont raconté, par la suite, l'histoire de leurs pérégrinations. Il pleuvait le jour où ils sont partis. Serrés les uns contre les autres, les aveugles désolés ont attendu toute la nuit, sous la pluie, leur embarquement. Puis, dans des wagons de marchandises froids et sombres, ils ont erré à travers leur misérable patrie, ils se sont présentés dans les soviets, ont attendu une distribution de rations dans des centres d'accueil crasseux et, désemparés, droits, silencieux, ils ont suivi avec résignation leurs guides harassés et furieux. Quelques-uns échouèrent à la campagne, mais la campagne n'en avait que faire. Cette poussière humaine inutilisable, dont nul n'avait besoin, errait, comme une bande de chiots aveugles, d'une gare déserte à l'autre, à la recherche d'un chez-soi. Ils n'en ont pas trouvé. Ils sont tous revenus à Petrograd. À Petrograd, c'est le calme, le calme complet.

À l'écart du bâtiment principal se dresse une maison sans étage. Ici demeurent les hommes peu communs d'une époque peu commune, des aveugles qui ont une famille.

J'ai lié conversation avec une des épouses, une jeune femme grosse et flasque, vêtue d'un peignoir et de pantoufles caucasiennes. Son mari était là également, un vieux Polonais décharné dont le visage rongé par les gaz a pris une teinte orange. Après lui avoir posé quelques questions, j'ai vite compris que cette petite femme hébétée est une femme russe typique de notre temps, prise dans le tourbillon de la guerre, des bouleversements, des déplacements.

Au début de la guerre, elle était devenue infirmière « par patriotisme ». Elle en a beaucoup vu dans sa vie, les « troufions » mutilés, les raids des avions allemands, les soirées dansantes au cercle des officiers, les officiers en « culotte de cheval », une maladie de femme, une liaison avec un commissaire, et puis la révolution, la propagande, de nouveau l'amour, l'évacuation et les sous-commissions...

Dans le temps, quelque part du côté de Simbirsk, elle avait eu des parents, une sœur Varia, un cousin qui travaillait dans les chemins de fer... Mais depuis un an et demi, aucune lettre des parents, la sœur Varia est loin, le tiède parfum du pays natal s'est éventé. Et maintenant, à la place, c'est la lassitude, le corps qui s'avachit, les heures passées à la fenêtre, le goût de l'oisiveté, le regard trouble qui va lentement d'un objet à l'autre, et puis le mari, ce Polonais aveugle avec son visage orange...

Des femmes comme celle-là, il y en a plusieurs à l'asile.

Elles ne partent pas, parce qu'elles ne savent pas où aller et qu'elles n'ont aucune raison de partir. La surveillante leur dit souvent :

— Je n'arrive pas à comprendre ce qui se passe chez nous... On s'est tous entassés et on vit comme ça, mais vous n'avez pas le droit de vivre ici... Maintenant je n'ose même plus appeler ça un asile, officiellement nous sommes une institution d'État, mais maintenant... c'est à n'y rien comprendre...

Dans une chambre sombre et basse, deux paysans barbus et pâles sont assis l'un en face de l'autre sur des lits étroits. Leurs yeux vitreux restent immobiles. À voix basse, ils échangent quelques mots sur la terre, le froment, le prix des pourceaux à l'heure actuelle...

Ailleurs un petit vieux décrépit et apathique apprend à un soldat grand et vigoureux à jouer du violon. Les sons faibles et perçants coulent sous l'archet en tremblotant.

Je poursuis mon chemin. Dans l'une des chambres, une femme gémit. J'y jette un coup d'œil et je vois, sur un grand lit, une gamine d'environ dix-sept ans, sa petite figure cramoisie, qui se tord de douleur. Son mari basané est assis dans un coin sur un tabouret bas, il tresse un panier avec d'amples mouvements des bras et prête l'oreille aux gémissements avec une expression attentive et froide.

La gamine s'est mariée il y a six mois. Bientôt, dans une maisonnette insolite, remplie de gens insolites, un bébé naîtra. Cet enfant sera, en vérité, un enfant de notre temps.

1918.

LES PRÉMATURÉS

Les murs chauds et blancs sont baignés d'une lumière égale.

D'ici on ne voit pas le canal Fontanka qui s'étale comme une flaque peu profonde dans le creux de son lit gluant. On ne voit pas non plus la lourde dentelle du quai envahi par de gros tas d'ordures mêlées à une bouillie de neige noire et friable.

Dans les hautes salles tièdes, des femmes en robes grises ou sombres vont et viennent sans bruit. Le long des murs, des avortons silencieux sont couchés dans de petites baignoires métalliques, leurs yeux sérieux grands ouverts : ce sont les rejetons souffreteux de femmes usées, chétives, sans cœur, les femmes qui vivent dans les maisonnettes de bois de nos faubourgs noyés dans le brouillard.

Quand on les apporte, les prématurés pèsent une livre, une livre et demie. Un graphique accroché à chaque petite baignoire représente la courbe de vie du bébé. Aujourd'hui cette ligne n'est déjà plus aussi courbe, elle est devenue plus droite. Dans ces petits corps d'une livre, une flamme de vie brûle faiblement, triste et irréelle.

Un autre aspect peu remarqué de notre déclin, c'est que les femmes qui allaitent ont de moins en moins de lait.

Il n'y a pas beaucoup de nourrices ici, cinq pour trente nourrissons. Chacune en allaite un à elle et quatre autres. C'est d'ailleurs comme cela que l'on dit, tout d'une traite, dans le jargon de l'hospice : « un à elle, et quatre autres ». Elles doivent donner le sein toutes les trois heures. Elles n'ont jamais de congés et ne peuvent dormir que deux heures d'affilée, jamais plus.

Chaque jour, ces femmes dont les seins sont sucés sept fois en vingt-quatre heures par cinq petites bouches bleues reçoivent les trois huitièmes d'une livre de pain.

Elles sont debout autour de moi, toutes les cinq fortes de poitrine, mais minces dans leurs vêtements monastiques, et elles me disent :

— La doctoresse nous fait des reproches parce que nous donnons trop peu de lait, que les enfants ne prennent pas de poids… Nous, on ne demanderait pas mieux, mais on sent qu'ils nous sucent le sang… Si seulement on nous assimilait aux cochers de fiacre… Au bureau de ravitaillement, on nous a dit : « Vous n'êtes pas des travailleurs ! » Tout à l'heure on est sorti à deux pour acheter quelque chose, on se sentait les jambes coupées, on s'est arrêté, on s'est regardé, on a cru qu'on allait tomber, impossible de faire un pas.

Elles me demandent d'intervenir pour les cartes de rationnement, les suppléments, elles me supplient humblement, debout contre les murs, leurs visages rougissent, deviennent tendus et pitoyables comme ceux des femmes qui sollicitent une faveur de l'administration.

Je vais m'en aller. La surveillante me suit et murmure :

— Elles sont toutes à bout de nerfs… Dès qu'on leur dit

un mot, elles pleurent. Nous, on ne dit plus rien, on ferme les yeux. Un soldat vient en voir une ; et après ? Qu'il continue à venir !

J'apprends l'histoire de la femme qu'un soldat vient voir. Elle est entrée à l'hospice il y a un an, un petit bout de femme pleine de savoir-faire. Il n'y avait de grand, chez elle, que sa lourde poitrine de femme qui allaite. Elle avait plus de lait que les autres nourrices de l'hospice. Une année a passé, une année de cartes de rationnement, d'éperlans à tous les repas et de petits corps tordus, toujours plus nombreux, expulsés à la hâte par des femmes de Petrograd sans visage et sans cœur. La petite femme active n'a plus de lait. Elle pleure quand on lui fait de la peine et pousse ses seins vides vers la bouche des enfants d'un geste hargneux, et quand elle allaite, elle tourne la tête.

Pourquoi ne donne-t-on pas à cette petite femme deux huitièmes de livre de pain en supplément, pourquoi ne la met-on pas sur le même pied que les cochers de fiacre, pourquoi ne fait-on pas quelque chose ? Car il faut être raisonnable, tout de même, ils font pitié, ces enfants ! S'ils ne meurent pas, ils deviendront des jeunes gens et des jeunes filles, ils devront se faire une vie à eux. Et que dirait-on, s'ils allaient tout d'un coup se faire seulement les trois huitièmes d'une vie ? Le résultat serait quelque chose de rabougri. Et nous ne l'avons que trop vue, cette sorte de vie là, la vie rabougrie.

1918.

SUR LE TRAVAIL DE L'ÉCRIVAIN

Le 28 septembre 1937, l'Union des Écrivains soviétiques et la revue Les Études littéraires *organisèrent une soirée consacrée à l'œuvre d'Isaac Babel. Babel lut deux de ses récits,* Di Grasso *et* Information, *et répondit ensuite aux questions du public.*

QUESTION : Vous écrivez moins sur la guerre civile maintenant ?

BABEL : Je dois dire qu'après une période assez longue pendant laquelle j'ai tourné en rond, écrire m'est redevenu plus facile. J'écris pas mal de choses qui seront publiées. Aujourd'hui je vois la guerre civile avec d'autres yeux.

Il y a d'autres sujets. J'aimerais écrire sur le village, sur la collectivisation (voilà ce qui m'intéresse beaucoup à présent), sur les hommes pendant la collectivisation, sur la transformation de l'agriculture. C'est le mouvement le plus important de notre révolution, depuis la guerre civile. J'ai pris une part plus ou moins active à la collectivisation vers

1929-1930. Depuis quelques années j'essaie de décrire cela[1]. Il me semble que j'y arrive maintenant.

QUESTION : Combien de temps avez-vous mis à écrire votre premier récit ?

BABEL : Puisque nous sommes à une soirée des *Études littéraires*, je crois que les questions sur la nature du travail de l'écrivain sont tout à fait à leur place ici. Voici ce que je peux dire en ce qui me concerne.

Quand j'écrivais mes premiers récits, j'avais la « technique » suivante : je réfléchissais très longuement et, quand je m'asseyais à mon bureau, je savais mon récit presque par cœur. Il avait tellement mûri en moi, qu'il jaillissait sur le papier d'un seul coup. Je pouvais le porter en moi pendant trois mois et remplir ensuite une demi-feuille de papier en trois, quatre heures sans aucune rature.

Par la suite j'ai été déçu par cette méthode. Il m'a semblé qu'au moment d'écrire, tout le travail était déjà fait et qu'il restait peu de marge pour l'improvisation. Quand la plume court sur le papier, elle peut vous mener, vous entraîner Dieu sait où. Vous ne vous soumettez pas toujours au rythme et même aux tournures qui naissent dans votre esprit.

Maintenant je procède autrement. Quand j'éprouve le désir d'écrire quelque chose, un récit par exemple, je l'écris comme il me vient, puis je le mets de côté pour quelques mois, après quoi je le revois et le mets au net. Je peux recopier un nombre incalculable de fois, pour ce genre de choses j'ai beaucoup de patience. J'estime que ce système (comme vous pourrez le voir dans les récits qui vont être publiés) donne plus de légèreté et d'aisance à la narration, et aussi un caractère plus direct.

1. Deux récits de Babel sont consacrés à la collectivisation : *Gapa Goujva* et *Kolyvouchka*.

QUESTION : Le lecteur reste perplexe devant votre silence plus que prolongé.

BABEL : J'en reste moi-même fort perplexe, de sorte qu'à cet égard, je suis logé à peu près à la même enseigne que vous.

Pour être honnête, je dois dire que je ne suis tout bonnement pas fait pour ce métier et que je ne me mêlerais pas de l'exercer, si je me sentais plus doué pour un autre. Mais c'est, malgré tout, le seul que je puisse faire plus ou moins convenablement, au prix de grands efforts. Et d'un. Deuxièmement, j'ai un sens critique développé. Troisièmement, nous vivons à une époque révolutionnaire et orageuse, et je suis de ceux que le « quoi » intéresse peu. Enthousiasme, haine, douleur surgissent en moi instantanément. Certains écrivains, lorsqu'ils éprouvent ces sentiments, se précipitent aussitôt sur du papier, et s'ils ont un talent de journaliste ou s'ils sont doués pour écrire des odes et des satires, le résultat est souvent très bon.

Étant donné mon tempérament, ce qui m'intéresse toujours c'est le « comment » et le « pourquoi ». Ces questions demandent qu'on y réfléchisse beaucoup, qu'on les étudie à fond et qu'on traite l'écriture avec une grande honnêteté, pour y répondre sous une forme artistique. C'est ainsi que je m'explique mon silence.

De plus, je suis récidiviste en la matière, pour moi, ce n'est pas du nouveau.

J'ai commencé à écrire quand j'étais un tout jeune homme, puis j'ai arrêté pendant de nombreuses années, après quoi j'ai écrit comme un fou pendant quelques années, et cessé de nouveau, et maintenant commence pour moi le deuxième acte de la comédie ou de la tragédie, je ne sais pas ce qui en sortira.

Du reste, cela relève de la biographie, mais une biographie assez compliquée.

QUESTION : Dites-nous, s'il vous plaît, quels sont vos auteurs préférés, classiques et modernes, ceux dont vous avez beaucoup appris.

BABEL : Ces derniers temps, j'ai commencé à me concentrer de plus en plus sur un écrivain, Léon Tolstoï. (Je ne parle pas de Pouchkine qui est mon compagnon de toujours.) Il me semble que nos jeunes écrivains qui débutent dans la littérature lisent et étudient trop peu Tolstoï, peut-être le plus étonnant de tous les écrivains qui aient jamais existé.

Je dois dire que quand j'ai relu *Hadji Mourat*, il y a quelques années, j'en ai été bouleversé d'une manière absolument indescriptible. Je me rappelle ce que Gorki m'avait raconté un jour. Tout le monde connaît le livre de Gorki *Récits sur Tolstoï*, mais ce qu'on ignore, c'est que Gorki a essayé toute sa vie d'écrire un gros livre sur Tolstoï et qu'il n'y arrivait pas, comme il me l'a dit lui-même. Cela tenait, je crois, à ce qu'il écrivit le premier livre sous le coup de l'impression immédiate, avec passion, alors que pour le deuxième, il a voulu écrire un traité…

En relisant *Hadji Mourat*, je me disais : voilà où il faut prendre des leçons. Ici le courant est monté de la terre et il est venu, à travers les mains, directement sur le papier, sans rencontrer d'obstacles, en arrachant sans aucun ménagement toutes les enveloppes extérieures, grâce au sens profond de la vérité. Et quand cette vérité est apparue, elle était en outre revêtue d'atours à la fois transparents et beaux.

Quand vous lisez Tolstoï, vous sentez que c'est le monde qui écrit, le monde dans sa diversité. Naturellement les gens disent qu'il y a des trucs, des procédés. Prenez n'importe quel chapitre de Tolstoï, vous y trouverez de tout à profusion, vous y trouverez de la philosophie, la mort. On pourrait croire que pour écrire ainsi, il faut recourir à des procédés artificiels, et posséder un savoir-faire technique extraordinaire. Mais ici tout est submergé et disparaît dans le sens profond de l'univers qui guide Tolstoï.

En tant que critique littéraire, je ne suis pas seulement mauvais, je suis exécrable. Je vous prie de m'excuser pour tout ce que je viens de vous raconter. Mais c'était ma réponse à votre question sur les classiques que j'aime et ceux dont on a beaucoup à apprendre.

En ce qui concerne les écrivains contemporains, je crois que nous approchons de l'époque où on leur appliquera le « Barème de Hambourg[1] », suivant l'expression de Chklovski. Personnellement, je ne pense pas que l'écrivain soit un homme doué d'une aptitude physique pour l'écriture, qu'il a dans le cerveau une bosse qui pousse sa plume, et que son cerveau et son cœur sont hypertrophiés. Il me semble que nous arrivons à un moment où les œuvres scolastiques, trop fabriquées, que n'imprègnent pas la passion et la sincérité, ont fait leur temps et cesseront de souiller notre littérature.

Si vous voulez que je cite des noms, je dirai que Cholokhov[2] me paraît être sur une bonne voie, une voie juste. C'est un homme dont les œuvres ont une étoffe solide. Quand on les lit, on voit ce qu'on lit et c'est écrit avec chaleur. Seulement voilà : la matière de son œuvre, le fond ne sont pas aussi importants que chez Tolstoï, parce que quand, chez Tolstoï, un monsieur de la bonne société sort de chez lui et dit : « Cocher, vingt-cinq kopecks, à la Tverskaïa », tout cela revêt le caractère d'un événement mondial, qui s'insère dans l'harmonie du monde.

Il ne peut pas être question de détails aussi significa-

1. Allusion au livre de Victor Chklovski dans lequel l'auteur applique aux écrivains le système qui permet d'évaluer les qualités des boxeurs.
2. Romancier (1905-1984), auteur du *Don paisible*.

tifs chez Cholokhov, mais j'estime qu'il a une très grande richesse intérieure et qu'il se trouve sur la bonne voie.

Je place très haut Valentin Kataev[1] ; il écrira, je crois, de mieux en mieux, il a évolué dans une direction qui est juste et il deviendra plus sérieux en vieillissant. Je considère son roman *Au loin une voile* comme une contribution extraordinairement utile à la littérature soviétique. Le livre de Kataev a fait beaucoup pour ramener les lettres soviétiques vers les grandes traditions de la littérature : le relief et la simplicité, l'art descriptif qui s'était presque entièrement perdu chez nous. On ne sait presque plus montrer une chose, chez nous, mais on la raconte de manière très verbeuse et avec une technique épouvantable. J'estime personnellement que Valentin Kataev amorce une ascension importante et durable, et qu'il écrira de mieux en mieux. C'est un de nos grands espoirs.

QUESTION : De vos déclarations précédentes on pouvait conclure que vous êtes un ardent partisan des vastes dimensions, de la solidité, que vous vous orientez vers Tolstoï ou Cholokhov. Comment peut-on concilier cela avec ce que l'on trouve dans vos œuvres ? Elles conduisent à la conclusion que, dans la vie, les exceptions vous intéressent plus que ce qui est typique. Cependant le réalisme est la pierre angulaire de vos conceptions artistiques.

BABEL : Dans une lettre de Goethe à Eckermann, j'ai trouvé une définition de la nouvelle, c'est-à-dire du récit court, genre dans lequel je me sens plus à l'aise que dans tout autre. Sa définition de la nouvelle est très simple : c'est le récit d'un événement inhabituel. Peut-être est-ce faux, je n'en sais rien, mais c'était l'opinion de Goethe.

Je crois que je n'ai ni la force, ni le don, ni le goût de

1. Écrivain russe, né en 1897 à Odessa et mort en 1986, auteur de romans *(Au loin une voile, Le puits sacré)* et de comédies légères *(Je veux voir Mioussov)*.

décrire ce qui est typique avec autant d'abondance que le faisait Tolstoï. Je trouve intéressant de le lire, mais cela ne m'intéresse pas d'écrire suivant sa méthode.

Vous parlez de mon silence. Il faut que je vous confie un secret. J'ai perdu plusieurs années à écrire, conformément à mes goûts, d'une manière exhaustive, détaillée, philosophique, pour que se fasse jour cette vérité dont je parlais. Je n'y suis pas arrivé. Voilà pourquoi, sans cesser d'admirer Tolstoï, je prends dans mon travail un chemin opposé, afin d'arriver à quelque chose.

J'ai très bien compris votre question, mais je vous ai répondu, je crois, d'une manière très confuse. Disons simplement que le tempérament de Tolstoï lui permettait de décrire les vingt-quatre heures d'une journée, en se rappelant tout ce qui lui était arrivé, tandis que mon tempérament ne me permet, visiblement, que de décrire les cinq minutes les plus intéressantes que j'aie vécues. C'est justement de là qu'est venu le genre littéraire de la nouvelle. Il faut croire que c'est ainsi.

QUESTION : Ce qui veut dire que Tolstoï avait des forces pour vingt-trois heures et cinquante-cinq minutes de plus que vous ?

BABEL : L'auto-humiliation, voyez-vous, n'est pas dans ma nature, et si je voulais m'empoisonner la vie à me demander qui écrit le mieux, de Tolstoï ou de moi, même après avoir conclu que c'est Tolstoï, je n'éprouverais envers lui rien d'autre que haine et animosité.

Mais puisque cette soirée a lieu à la rédaction des *Études littéraires*, et qu'on peut y divulguer certains secrets, je vous ai dit pourquoi je réussis plus ou moins bien dans les œuvres courtes, mais pas dans les longues. Et pour repousser toute accusation d'auto-humiliation, je peux dire qu'un grand nombre de mes confrères, sans disposer d'un bagage de faits intéressants et d'observations plus grand que le mien, le travaillent néanmoins à la Tolstoï. Ce qui en résulte, toutes leurs victimes le savent.

QUESTION : Dans vos récits très bien écrits, il y a quelques phrases qui me paraissent audacieuses. Dans votre premier récit, vous parlez de « jambes bonnes ». Je ne comprends pas qu'on puisse écrire des jambes qu'elles sont bonnes ou méchantes. Dans le deuxième récit, il y a la phrase : « Il secoua la tête comme un oiseau effrayé. » S'il est effrayé, il s'envole.

BABEL : En ce qui concerne le premier récit, vous avez été choqué parce que je n'ai pas été convaincant, mais les jambes humaines peuvent très bien être bonnes, méchantes, clairvoyantes ou aveugles. Les jambes possèdent, sans aucun doute, tous ces traits de la nature humaine, il suffit de savoir le décrire. Mon premier récit tourne un peu court, l'idée n'est pas exprimée jusqu'au bout. À cet égard, vous avez raison.

Pour ce qui est de la deuxième phrase, il me semble qu'elle est valable, c'est mon sentiment. Et en ce qui concerne l'audace, chacun sait qu'elle est une vertu, à condition, naturellement, que l'homme se jette dans le combat avec des armes adéquates. En ce sens, bien sûr, l'audace est une bonne chose.

Il me semble que nous devrions parler un peu de la technique du récit, parce que ce genre n'est pas très en faveur chez nous. Il faut dire que jadis déjà ce genre ne s'est jamais particulièrement épanoui chez nous, les Français nous ont devancés dans ce domaine. Au fond, Tchékhov est notre seul véritable auteur de nouvelles. La plupart des récits de Gorki sont des romans abrégés. Ceux de Tolstoï aussi sont des romans abrégés, sauf *Après le bal* qui est un véritable récit. Dans l'ensemble, les nouvelles sont écrites médiocrement, on cherche plutôt à faire des romans.

QUESTION : Votre opinion sur Paoustovski ?

BABEL : Extrêmement favorable. Si j'avais continué à parler de Kataev et de Cholokhov, j'aurais dû mentionner aussi Paoustovski[1] et son intéressante biographie littéraire. Je le connais depuis longtemps, nous sommes de la même région, j'ai lu ses premiers essais. C'est une excellente illustration de ce que je vous disais en parlant du premier récit. Ses premiers essais étaient prolixes, embrouillés, maladroits, et pourtant ils étaient écrits par un adulte. Il n'avait pas dix-huit ou vingt ans, mais vingt-cinq, vingt-six ou vingt-sept ans. Pourtant il y avait là une telle accumulation d'adjectifs et de métaphores, une telle richesse que le lecteur s'y noyait littéralement, en même temps qu'il suffoquait dans l'atmosphère capiteuse évoquée par l'auteur. C'était une serre mal aménagée pleine de fleurs tropicales. Mais, par ailleurs, on y voyait toujours une passion sincère. Paoustovski a passé quinze ans à polir cette passion, à éliminer le superflu, et voilà ce qui en est sorti. Ce qui est intéressant, justement, c'est ce que l'homme de quarante ans a commencé à écrire.

QUESTION : Tolstoï n'a jamais travaillé ainsi.

BABEL : Voilà encore une constatation bien désagréable pour nous tous. Au fond, Tolstoï a fini comme il a commencé. Il avait immédiatement trouvé la forme et le contenu de sa pensée. Elle n'a fait que devenir plus nerveuse avec les années, et quand il avait soixante-quinze ou quatre-vingts ans, il transcrivait sa pensée physiquement, et non littérairement, puisqu'elle exprimait toutes les nuances.

QUESTION : Vous êtes partisan de la phrase courte. À votre avis, faut-il, dans un récit, délayer l'idée ou seulement la suggérer ?

1. Constantin Paoustovski (1892-1968), écrivain russe, auteur de mémoires *(Histoire d'une vie)* et de récits.

BABEL : C'est une erreur épouvantable. Je ne suis pas partisan de la phrase courte. Je suis pour l'alternance de phrases courtes et longues, sans compter que la pensée humaine a besoin de signes de ponctuation. C'est tout.

Maintenant, quant à savoir s'il faut délayer l'idée ou la suggérer seulement, je vous dirai : Camarade, il faut l'exprimer avec exactitude. On aimerait que les idées soient transmises tout à fait intactes, et non pas délayées.

QUESTION : Pensez-vous que Youri Olécha[1] a épuisé son talent ou qu'il écrira encore ? Votre opinion sur lui.

BABEL : Vous me posez des questions qui me touchent de près, sur des hommes qui me sont extraordinairement proches. Nous sommes tous de la même région, c'est ce qu'on a appelé l'École d'Odessa, l'École méridionale russe, que j'estime beaucoup. J'ai une très haute opinion de Youri Olécha. Je le tiens pour l'un des écrivains russes les plus doués et les plus originaux. Écrira-t-il encore ? Il ne peut rien faire d'autre. S'il vit, il écrira. Je le crois capable d'écrire admirablement bien. Je pense que des obstacles imaginaires l'empêchent de produire. Le talent fera sauter ces barrières. Olécha est un grand écrivain.

QUESTION : Ne se passionne-t-il pas trop pour le journalisme ? Peut-être cela l'empêche-t-il de travailler ?

BABEL : Olécha a, par nature, un don pour la déclamation. Il peut déclamer sur des sujets abstraits aussi bien que sur des questions d'actualité. Je ne vois aucune ligne de partage entre ce qu'on appelle ses articles et ses autres travaux. Les articles sont écrits hâtivement, un peu vite, ils sont moins importants, mais on y perçoit toujours une résonance originale.

1. Youri Olécha (1899-1960), écrivain russe né à Odessa, auteur du roman *L'envie*, disparut de la scène littéraire en 1938.

QUESTION : Comment doit-on procéder pour écrire une nouvelle ?

BABEL : Comment écrire un récit court ? Je ne crois absolument pas aux recettes et aux manuels, et du reste, j'ai honte de l'avouer - peut-être est-ce un sentiment réactionnaire -, mais l'Institut de Littérature me fait peur. Je comprends qu'on y travaille à élever le niveau culturel et la qualification des hommes, et je trouve que c'est, en effet, indispensable. Qu'on y enseigne le français ou l'anglais, très bien, mais qu'on puisse apprendre à écrire à quelqu'un, voilà ce que je ne comprends pas. Je ne peux parler ici que de ma propre expérience.

J'essaie de choisir mes lecteurs et, ce faisant, je m'efforce de ne pas me rendre la tâche trop facile. Je me propose un lecteur intelligent, cultivé, avec un goût robuste et exigeant. En général, je trouve qu'on ne devrait lire un récit qu'à une femme très intelligente, parce que cette moitié du genre humain, dans ses bons spécimens, possède parfois un goût absolu, comme certaines personnes ont l'oreille absolue. L'essentiel ici est de se représenter le lecteur et de se le représenter aussi sévère que possible. C'est ce que je fais. Le lecteur vit en moi, mais comme il y vit depuis assez longtemps, je l'ai façonné à mon image et à ma ressemblance. Peut-être a-t-il fini par se confondre avec moi.

Lorsque vous avez terminé un récit, ne le lisez jamais à personne dans le feu de l'enthousiasme, ne courez pas faire part de la grande nouvelle : j'ai accouché ! Ce n'est pas si facile que ça. Il faut faire de gros efforts pour se retenir de courir lire son œuvre chez le voisin, pour la laisser reposer et la relire plus tard, l'esprit frais. Quand j'ai choisi mon lecteur, je songe à la manière de le duper, de l'abasourdir, ce lecteur intelligent. Je le respecte. La vieille philosophie des acteurs, selon laquelle « le public est bête », est une chose épouvantable. Il faut se trouver un critique sérieux et essayer de l'impressionner jusqu'à ce qu'il en perde le souffle. Voilà l'ambition qu'il faut avoir. Et dès que ce sentiment s'éveille en vous, vous cessez de faire des grimaces.

Mon attitude envers les adjectifs, c'est l'histoire de ma vie. Si j'écrivais mon autobiographie, je l'intitulerais « Histoire d'un adjectif ». Quand j'étais jeune, je pensais que la somptuosité devait être décrite d'une manière somptueuse. Ce n'est pas vrai. Il s'avère qu'il faut, très souvent, partir du point de vue opposé. Toute ma vie j'ai presque toujours su « quoi écrire », mais comme je ne pouvais pas l'écrire en douze pages, comme je m'imposais cette limite à moi-même, j'ai dû choisir des mots premièrement significatifs, deuxièmement simples et troisièmement beaux.

QUESTION : Pourquoi n'êtes-vous pas plus satisfait des choses que vous avez écrites ?

BABEL : J'estime qu'elles auraient pu être meilleures, plus simples. Mais je suis de ces gens pour qui tout est normal, même d'avoir des boutons quand on est jeune. Peut-être que je me trompe, peut-être suis-je aveuglé par l'orgueil, mais il me semble que je vois maintenant ma pensée et la manière de l'exprimer mieux que je ne le faisais en ce temps-là. Ma seule satisfaction, c'est que je n'ai pas à retirer ce que j'ai écrit.

1937.

RÉCITS

TEXTES DIVERS (SIX ARTICLES ET UNE INTERVIEW)

DU MÊME AUTEUR

Aux Éditions Gallimard

CAVALERIE ROUGE. *Introduction de Maurice Parijanine*, 1959 (L'Imaginaire nº 710).

CONTES D'ODESSA *suivi de* NOUVELLES, 1967 (L'Imaginaire nº 686).

CORRESPONDANCE (1925-1939). *Introduction de Nathalie Babel*, 1967.

ENTRE CHIEN ET LOUP *suivi de* MARIE, 1970.

MES PREMIERS HONORAIRES, 1972 (L'Imaginaire nº 724).

LE MOULIN CHINOIS ET AUTRES SCÉNARIOS. *Avant-propos de Lily Denis*, 1985.

Dans la collection Folio Bilingue

CONTES D'ODESSA / ОДЕССКИЕ РАССКАЗЫ. *Avant-propos de Robert André*, nº 85, 1999.

Dans la collection Folio 2 €

UNE SOIRÉE CHEZ L'IMPÉRATRICE ET AUTRES RÉCITS. *Récits extraits du recueil* Mes premiers honoraires, nº 5632, 2013.

Collection **L'Imaginaire**

Axée sur les constructions de l'imagination, cette collection vous invite à découvrir les textes les plus originaux des littératures romanesques française et étrangères.

Derniers volumes parus

555. **John Dos Passos** LA GRANDE ÉPOQUE
556. **Cesare Pavese** AVANT QUE LE COQ CHANTE
557. **Ferdinando Camon** APOTHÉOSE
558. **Pierre Drieu la Rochelle** BLÈCHE
559. **Paul Morand** FIN DE SIÈCLE
560. **Juan Marsé** LE FANTÔME DU CINÉMA ROXY
561. **Salvatore Satta** LA VÉRANDA
562. **Erskine Caldwell** TOUTE LA VÉRITÉ
563. **Donald Windham** CANICULE
564. **Camilo José Cela** LAZARILLO DE TORMÈS
565. **Jean Giono** FAUST AU VILLAGE
566. **Ivy Compton-Burnett** DES HOMMES ET DES FEMMES
567. **Alejo Carpentier** LE RECOURS DE LA MÉTHODE
568. **Michel de Ghelderode** SORTILÈGES
569. **Mercè Rodoreda** LA MORT ET LE PRINTEMPS
570. **Mercè Rodoreda** TANT ET TANT DE GUERRE
571. **Peter Matthiessen** EN LIBERTÉ DANS LES CHAMPS DU SEIGNEUR
572. **Damon Runyon** NOCTURNES DANS BROADWAY
573. **Iris Murdoch** UNE TÊTE COUPÉE
574. **Jean Cocteau** TOUR DU MONDE EN 80 JOURS
575. **Juan Rulfo** LE COQ D'OR
576. **Joseph Conrad** LA RESCOUSSE
577. **Jaroslav Hašek** DERNIÈRES AVENTURES DU BRAVE SOLDAT CHVÉÏK

578. **Jean-Loup Trassard** L'ANCOLIE
579. **Panaït Istrati** NERRANTSOULA
580. **Ana María Matute** LE TEMPS
581. **Thomas Bernhard** EXTINCTION
582. **Donald Barthelme** LA VILLE EST TRISTE
583. **Philippe Soupault** LE GRAND HOMME
584. **Robert Walser** LA ROSE
585. **Pablo Neruda** NÉ POUR NAÎTRE
586. **Thomas Hardy** LE TROMPETTE-MAJOR
587. **Pierre Bergounioux** L'ORPHELIN
588. **Marguerite Duras** NATHALIE GRANGER suivi de LA FEMME DU GANGE
589. **Jean Tardieu** LES TOURS DE TRÉBIZONDE
590. **Stéphane Mallarmé** THÈMES ANGLAIS POUR TOUTES LES GRAMMAIRES
591. **Sherwood Anderson** WINESBURG-EN-OHIO
592. **Luigi Pirandello** VIEILLE SICILE
593. **Guillaume Apollinaire** LETTRES À LOU
594. **Emmanuel Berl** PRÉSENCE DES MORTS
595. **Charles-Ferdinand Ramuz** LA SÉPARATION DES RACES
596. **Michel Chaillou** DOMESTIQUE CHEZ MONTAIGNE
597. **John Keats** LETTRES À FANNY BRAWNE
598. **Jean Métellus** LA FAMILLE VORTEX
599. **Thomas Mofolo** CHAKA
600. **Marcel Jouhandeau** LE LIVRE DE MON PÈRE ET DE MA MÈRE
601. **Hans Magnus Enzensberger** LE BREF ÉTÉ DE L'ANARCHIE
602. **Raymond Queneau** UNE HISTOIRE MODÈLE
603. **Joseph Kessel** AU GRAND SOCCO
604. **Georges Perec** LA BOUTIQUE OBSCURE
605. **Pierre Jean Jouve** HÉCATE suivi de VAGADU
606. **Jean Paulhan** BRAQUE LE PATRON
607. **Jean Grenier** SUR LA MORT D'UN CHIEN
608. **Nathaniel Hawthorne** VALJOIE
609. **Camilo José Cela** VOYAGE EN ALCARRIA
610. **Leonardo Sciascia** TODO MODO

611. **Théodor Fontane** MADAME JENNY TREIBEL
612. **Charles-Louis Philippe** CROQUIGNOLE
613. **Kôbô Abé** RENDEZ-VOUS SECRET
614. **Pierre Bourgeade** NEW YORK PARTY
615. **Juan Carlos Onetti** LE CHANTIER
616. **Giorgio Bassani** L'ODEUR DU FOIN
617. **Louis Calaferte** PROMENADE DANS UN PARC
618. **Henri Bosco** UN OUBLI MOINS PROFOND
619. **Pierre Herbart** LA LIGNE DE FORCE
620. **V. S. Naipaul** MIGUEL STREET
621. **Novalis** HENRI D'OFTERDINGEN
622. **Thomas Bernhard** LE FROID
623. **Iouri Bouïda** LE TRAIN ZÉRO
624. **Josef Škvorecký** MIRACLE EN BOHÊME
625. **Kenzaburô Ôé** ARRACHEZ LES BOURGEONS, TIREZ SUR LES ENFANTS
626. **Rabindranath Tagore** MASHI
627. **Victor Hugo** LE PROMONTOIRE DU SONGE
628. **Eugène Dabit** L'ÎLE
629. **Herman Melville** OMOU
630. **Juan Carlos Onetti** LES BAS-FONDS DU RÊVE
631. **Julio Cortázar** GÎTES
632. **Silvina Ocampo** MÉMOIRES SECRÈTES D'UNE POUPÉE
633. **Flannery O'Connor** LA SAGESSE DANS LE SANG
634. **Paul Morand** LE FLAGELLANT DE SÉVILLE
635. **Henri Michaux** DÉPLACEMENTS DÉGAGEMENTS
636. **Robert Desnos** DE L'ÉROTISME
637. **Raymond Roussel** LA DOUBLURE
638. **Panaït Istrati** ONCLE ANGHEL
639. **Henry James** LA MAISON NATALE
640. **André Hardellet** DONNEZ-MOI LE TEMPS suivi de LA PROMENADE IMAGINAIRE
641. **Patrick White** UNE CEINTURE DE FEUILLES
642. **F. Scott Fitzgerald** TOUS LES JEUNES GENS TRISTES
643. **Jean-Jacques Schuhl** TÉLEX N° 1

644. **Guillaume Apollinaire** LES TROIS DON JUAN
645. **Curzio Malaparte** LE BAL AU KREMLIN
646. **Rainer Maria Rilke** DEUX HISTOIRES PRAGOISES
647. **Junichirô Tanizaki** LE SECRET ET AUTRES TEXTES
648. **V. S. Naipaul** UN DRAPEAU SUR L'ÎLE
649. **Adalbert Stifter** LES GRANDS BOIS
650. **Joseph Conrad** AU CŒUR DES TÉNÈBRES
651. **Piotr Rawicz** LE SANG DU CIEL
652. **Julio Cortázar** FAÇONS DE PERDRE
653. **Henri Calet** DE MA LUCARNE
654. **William Faulkner** LES LARRONS
655. **Truman Capote** LES CHIENS ABOIENT
656. **Robert Walser** LE BRIGAND
657. **Jean Rhys** SOURIEZ, S'IL VOUS PLAÎT
658. **Mouloudji** ENRICO
659. **Philippe Soupault** CHARLOT
660. **Patrick White** ÉDEN-VILLE
661. **Beppe Fenoglio** L'EMBUSCADE
662. **Cesare Pavese** LE BEL ÉTÉ
663. **Iris Murdoch** AMOUR PROFANE, AMOUR SACRÉ
664. **Giuseppe Antonio Borgese** VIE DE FILIPPO RUBÈ
665. **Federico García Lorca** IMPRESSIONS ET PAYSAGES
666. **Blaise Cendrars** MON VOYAGE EN AMÉRIQUE suivi du RETOUR
667. **Graciliano Ramos** SÃO BERNARDO
668. **Darcy Ribeiro** UTOPIE SAUVAGE
669. **Pierre Gascar** LE PRÉSAGE
670. **Cesare Pavese** SALUT MASINO
671. **D. H. Lawrence** LES FILLES DU PASTEUR
672. **Violette Leduc** LA VIEILLE FILLE ET LE MORT
673. **Marcel Proust** CHRONIQUES
674. **Philippe Soupault** LE TEMPS DES ASSASSINS
675. **Claudio Magris** ENQUÊTE SUR UN SABRE
676. **Alejo Carpentier** CHASSE À L'HOMME
677. **Roger Caillois** PONCE PILATE

678. **Jean Paulhan** LE GUERRIER APPLIQUÉ. PROGRÈS EN AMOUR ASSEZ LENTS. LALIE

679. **Milan Füst** L'HISTOIRE DE MA FEMME

680. **Marc Bernard** MAYORQUINAS

681. **Ernst von Salomon** LE QUESTIONNAIRE

682. **Nelson Algren** LA RUE CHAUDE

683. **Thomas Bernhard** UN ENFANT

684. **Jorge Luis Borges** ANTHOLOGIE PERSONNELLE

685. **Violette Leduc** LA FEMME AU PETIT RENARD

686. **Isaac Babel** CONTES D'ODESSA suivi de NOUVELLES

687. **Karen Blixen** LETTRES D'AFRIQUE 1914-1931

688. **Robert Desnos** NOUVELLES HÉBRIDES suivi de DADA-SURRÉALISME 1927

689. **Kenzaburô Ôé** LE JEU DU SIÈCLE

690. **Joseph Conrad** UN PARIA DES ÎLES

691. **Inès Cagnati** LE JOUR DE CONGÉ

692. **Kenzaburô Ôé** LE FASTE DES MORTS

693. **Raymond Queneau** LE DIMANCHE DE LA VIE

694. **Louis Calaferte** C'EST LA GUERRE

695. **Vladimir Nabokov** ROI, DAME, VALET

696. **Lawrence Durrell** LE SOURIRE DU TAO

697. **Henri Calet** FIÈVRE DES POLDERS

698. **Eugène Ionesco** LE BLANC ET LE NOIR

699. **Erskine Caldwell** LES VOIES DU SEIGNEUR

700. **Vassili Axionov** L'OISEAU D'ACIER

701. **John Updike** COUPLES

702. **Thomas Bernhard** LES MANGE-PAS-CHER

703. **Alejo Carpentier** LA DANSE SACRALE

704. **John Edgar Wideman** DEUX VILLES

705. **Réjean Ducharme** DÉVADÉ

706. **Lawrence Osborne** ANIA MALINA

707. **René Depestre** ALLÉLUIA POUR UNE FEMME-JARDIN

708. **Hector Bianciotti** SANS LA MISÉRICORDE DU CHRIST

709. **Nathalie Sarraute** MARTEREAU

Composition : IGS-CP à L'Isle-d'Espagnac (16)
Achevé d'imprimer par Normandie Roto Impression s.a.s. à Lonrai en mars 2021
Dépôt légal : mars 2021
Numéro d'imprimeur : 2100989
ISBN : 978-2-07-294120-7 / Imprimé en France
379440